QIYE XINYONG TIXI JIANSHE BIBEI

企业信用体系建设必备

《企业信用体系建设必备》编委会 编

中国电力出版社

CHINA ELECTRIC POWER PRESS

内 容 提 要

随着我国社会进入新时代，我国社会信用体系建设也进入快车道，各行业信用相关政策法规已成为社会信用体系建设的重要组成部分。本书共设置四个章节，分别是社会信用体系知识、商务诚信建设知识、社会诚信建设知识、法院公信建设知识。主要汇集了信用和社会信用体系建设基础知识，重点是生产领域、电力领域、税务领域、工商行政领域、金融领域、电子商务领域等方面失信行为的认定标准、退出条件和程序、惩戒对象的相关政策法规。

本书的主要特点是内容丰富，通俗易懂，涉及面广，适用于企业经营管理人员，可作为信用管理从业人员的学习参考用书。

图书在版编目（CIP）数据

企业信用体系建设必备 /《企业信用体系建设必备》编委会编 . —北京: 中国电力出版社，2019.10

ISBN 978-7-5198-3759-4

Ⅰ.①企… Ⅱ.①企… Ⅲ.①企业信用－体系建设－研究 Ⅳ.① F272-05

中国版本图书馆 CIP 数据核字（2019）第 221966 号

出版发行：中国电力出版社
地　　址：北京市东城区北京站西街 19 号（邮政编码 100005）
网　　址：http://www.cepp.sgcc.com.cn
责任编辑：王杏芸（010-63412394）
责任校对：黄　蓓　马　宁
装帧设计：赵姗姗
责任印制：杨晓东

印　　刷：北京博图彩色印刷有限公司
版　　次：2019 年 10 月第一版
印　　次：2019 年 10 月北京第一次印刷
开　　本：710 毫米 ×1000 毫米　16 开本
印　　张：9.25
字　　数：123 千字
印　　数：0001—3000 册
定　　价：58.00 元

前言

    党的十八大以来，党中央、国务院高度重视社会信用体系建设，于 2014 年印发了《社会信用体系建设规划纲要（2014—2020 年）》的通知，完善社会信用体系建设部际联席会议制度，统筹推进信用体系建设，一批信用体系建设的规章和标准相继出台。

    为加快推进行业信用体系建设，促进市场主体依法诚信经营，营造良好行业信用环境，国家层面快速推进社会信用体系建设，成立了由国家发展和改革委员会、人民银行牵头，多个部委参与社会信用体系建设部际联席会议。涉及司法、经济、金融、社会等各个领域。

    近年来，各行业信用体系相关的政策文件不断出台，对规范行业市场主体行为，完善行业市场机制发挥着越来越大的作用。为了使广大干部员工了解掌握相关行业信用体系政策，本书编委会按照《社会信用体系建设规划纲要（2014—2020 年）》《关于加强和规范涉电力领域失信联合惩戒对象名单管理工作的实施意见》《关于涉电力领域会员单位失信联合惩戒对象及重点关注名单管理实施细则》等文件内容，组织编写了《企业信用体系建设必备》。该书在内容上紧紧围绕社会信用体系知识，涉及生产、金融、电力、税务、工商、法院等领域市场主体，具有较强的知识性和可读性。本书编写人员是基于收集汇总国家以及各个行业出台的信用相关政策法规编辑成书，供广大干部职工学习使用。疏漏之处，欢迎广大读者批评指正。

本书编委会
2019 年 10 月

目　录

第三章　社会诚信建设知识

第一章

社会信用体系知识

古代有一个叫小信的年轻人触犯了法律被判死刑，很快就要被处死。小信是个孝子，他希望临死之前，能与远在百里之外的母亲见最后一面。他的这一要求被判官准许了，但条件是小信必须找一个人来替他坐牢。这是一个看似简单其实几乎不可能有人做的事情。假如小信一去不返怎么办？谁愿意冒着被杀头的危险来干这件蠢事呢？但是，有一个人表示愿意替换坐牢——他就是小信的朋友小用。

小用住进牢房以后，小信就赶回家与母亲诀别。刑期在即，小信没有如期归来，只好由小用替死。小用的脖子已经放在了铡刀上，胆小的人吓得紧闭了双眼，他们在内心深处为小用惋惜，并痛恨那个出卖朋友的小人小信。千钧一发之际，在淋漓的风雨中，小信飞奔而来！他高声喊着："我回来了！我回来了！"这真正是人世间最最感人的一幕，大多数人都以为自己是在梦中，但事实不容怀疑，小信已经冲到小用的身边，他们紧紧地拥抱在一起。

信守诺言，不仅是对他人负责，对社会负责，更重要的是对自己负责，诚信比生命更重要。

第一节　基础知识

一、信用及征信

信用是以偿还为条件的价值运动的特殊形式。一般产生于货币借贷和商品交易的赊销或预付之中，强调经济主体之间的债权债务关系，反映经济主体的支付愿望和支付能力。

征信是指依法采集、整理、保存、加工自然人、法人及其他组织的信用信息，并对外提供信用报告、信用评估、信用信息咨询等服务，帮助客户判断、控制信用风险，进行信用管理的活动。

二、信用报告及征信系统

信用报告是指征信机构以合法的方式从不同渠道收集信用信息，进行整理和加工后提供给经过授权的使用人的书面报告。信用报告包含了反映某个企业或个人信用历史、信用能力和信用价值等信用状况的各类信息，包括信息主体的基本定位信息、信用交易信息、公共记录、信用查询记录和争议记录等，企业信用报告往往还包含财务信息。

征信体系是指采集、加工、分析和对外提供信用信息服务的系列安排，是社会信用体系建设的一部分，包括制度、信息采集、机构和市场、征信产品和服务、监管等方面。

三、社会诚信档案和社会信用体系

社会诚信档案主要包括以下四种：

个人信用档案 ● 企业信用档案 ● 银行保险信用档案 ● 政府信用档案

社会信用体系指为促进社会各方信用承诺而进行的一系列安排的总称，最终目标是形成良好的社会信用环境。社会信用体系应包括法律法规等制度、是否守信信息的记录、采集和披露机制、采集和发布是否守信信息的机构和市场安排、监管体制、宣传教育安排等方面。

四、社会信用体系与征信体系的区别和联系

征信体系建设是社会信用体系建设的重要内容和核心环节。社会信用体系是目的，征信体系是手段。征信体系建设的主要作用是通过提供信用信息产品，使金融交易中的授信方或金融产品购买方能够了解信用申请人或产品出售方的资信状况，

从而防范信用风险。同时，通过准确识别企业、个人身份，保存其信用记录，有助于形成促使企业、个人保持良好信用记录的约束力。社会信用体系建设的内容更广泛，除征信体系建设外，其他部门如质检、税务等对本行业内部的市场行为进行惩戒和表彰奖励等都属于社会信用体系的建设内容。

五、企业信用等级符号及其含义

AAA 级

信用极好。企业的信用程度高、债务风险小。该类企业具有优秀的信用记录，经营状况佳，盈利能力强，发展前景广阔，不确定性因素对其经营与发展的影响极小。

AA 级

信用优良。企业的信用程度较高，债务风险较小。该类企业具有优良的信用记录，经营状况较佳，盈利水平较高，发展前景较为广阔，不确定性因素对其经营与发展的影响很小。

A 级

信用较好。企业的信用程度良好，在正常情况下偿还债务没有问题。该类企业具有良好的信用记录，经营处于良性循环状态，但是可能存在一些影响其未来经营与发展的不确定因素，进而削弱其盈利能力和偿债能力。

BBB 级

信用一般。企业的信用程度一般，偿还债务的能力一般。该类企业的信用记录正常，但其经营状况、盈利水平及未来发展易受不确定因素的影响，偿债能力有波动。

BB 级

信用欠佳。企业信用程度较差，偿债能力不足。该类企业有较多不良信用记录，未来前景不明朗，含有投机性因素。

B 级

信用较差。企业的信用程度差，偿债能力较弱。

CCC 级

信用很差。企业信用很差，几乎没有偿债能力。

CC 级

信用极差。企业信用级差，没有偿债能力。

C 级

没有信用。企业无信用。

D 级

没有信用。企业已濒临破产。

第二节　社会信用体系建设规划纲要内容

一、社会信用体系建设的概念

　　社会信用体系是社会主义市场经济体制和社会治理体制的重要组成部分。它以法律、法规、标准和契约为依据，以健全覆盖社会成员的信用记录和信用基础设施网络为基础，以信用信息合规应用和信用服务体系为支撑，以树立诚信文化理念、弘扬诚信传统美德为内在要求，以守信激励和失信约束为奖惩机制，目的是提高全社会的诚信意识和信用水平。

二、社会信用体系的基本功能和基本特点

　　社会信用体系的基本功能有：保证信用的投放，减少政府管理社会的成本；根治社会失信现象，重塑社会道德伦理；扩大社会需求，促进经济持续增长；提升参与国际竞争的优势。

　　社会信用体系建设的基本特点如下：

以政府为主导
政府组织、引导、推动和示范，符合国情

以信息为基础
围绕信用信息，归集、共享、应用，构成主线

以职责为依托
立足职能，实现信用信息归集和应用，互不打架

以共建为导向
协会、机构、企业、个人，全面参与

三、社会信用体系建设的主要目标

　　到 2020 年，社会信用基础性法律法规和标准体系基本建立，以信用信息资源共享为基础的覆盖全社会的征信系统基本建成，信用监管体制基本健全，信用服务市场体系比较完善，守信激励和失信惩戒机制全面发挥作用。政务诚信、商务诚信、社会诚信和司法公信建设取得明显进展，市场和社会满意度大幅提高。全社会诚信意识普遍增强，经济社会发展信用环境明显改善，经济社会秩序显著好转。

四、社会信用体系建设重点领域

加快推进政务诚信建设	深入推进商务诚信建设	全面推进社会诚信建设	大力推进司法公信建设
政务诚信是社会信用体系建设的关键，各类政务行为主体的诚信水平，对其他社会主体诚信建设发挥着重要的表率和导向作用。	提高商务诚信水平是社会信用体系建设的重点，是商务关系有效维护、商务运行成本有效降低、营商环境有效改善的基本条件，是各类商务主体可持续发展的生存之本，也是各类经济活动高效开展的基础保障。	社会诚信是社会信用体系建设的基础，社会成员之间只有以诚相待、以信为本，才会形成和谐友爱的人际关系，才能促进社会文明进步，实现社会和谐稳定和长治久安。	司法公信是社会信用体系建设的重要内容，是树立司法权威的前提，是社会公平正义的底线。

五、社会信用体系建设的基础性措施

1 加强诚信教育与诚信文化建设，弘扬诚信文化、树立诚信典型、开展诚信主题活动和重点行业领域诚信问题专项治理，在全社会形成"诚信光荣、失信可耻"的良好风尚。

2 加快推进信用信息系统建设和应用，建立自然人、法人和其他组织统一社会信用代码制度，推进行业间信用信息互联互通和地区内信用信息整合应用，形成全国范围内的信用信息交换共享机制。

3 完善以奖惩制度为重点的社会信用体系运行机制，健全守信激励和失信惩戒机制，对守信主体实行优先办理、简化程序、"绿色通道"等激励政策，对失信主体采取行政监管性、市场性、行业性、社会性约束和惩戒；建立健全信用法律法规和标准体系，培育和规范信用服务市场，保护信用信息主体权益，强化信用信息安全管理。

六、社会信用体系建设部际联席会议成员单位

联席会议召集人由国家发展和改革委员会（以下称国家发改委）主任、人民银行行长担任，发展和改革委员会一位副主任、人民银行一位副行长作为召集人助手，联席会议成员为有关部门、单位负责同志。联席会议成员因工作变动需要调整的，由所在单位提出，联席会议确定。

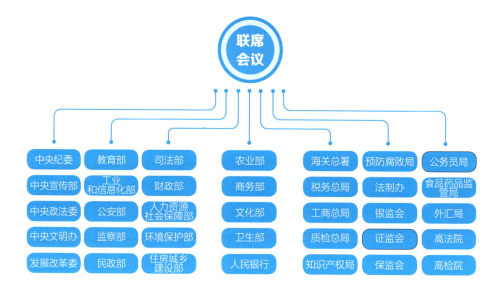

七、联合惩戒、激励合作备忘录涉及的领域

八、联合惩戒、激励合作备忘录的主要措施

失信联合惩戒合作备忘录的主要惩戒措施

限制取得相关的生产经营行政许可，禁止参加政府采购活动，限制参与建设工程招投标，限制取得政府供应土地，限制取得政府补贴性资金支持。

在准入和支持方面

在监管方面

限制成为海关认证企业。在纳税信用管理中，将失信状况作为信用信息采集和评价的审慎性参考依据，加强日常监管检查，提高随机抽查的比例，增加频次，并可依据法律、法规对其采取行政监管措施。对失信被执行人（老赖），限制乘坐飞机、高铁及住宿较高星级宾馆、酒店等部分高消费行为，限制子女就读高收费私立学校。

限制融资授信；限制、暂停发行企业债券；限制股票发行；在审批证券公司、基金管理公司及期货公司的设立及变更持有 5% 以上股权的股东、实际控制人时，将其失信信息作为审批的重要参考。

在金融方面

在从业资格方面

限制担任国有企业法定代表人、董事、监事，限制担任事业单位法定代表人，限制招录(聘)为公务员或事业单位工作人员，限制担任上市公司、债券公司、基金管理公司、期货公司的董事、监事和高级管理人员等，对其证券、基金、期货从业资格申请予以从严审核，对已成为证券、基金、期货从业人员的相关主体予以关注，限制担任保险公司的董事、监事、高级管理人员，限制担任企业法定代表人、董事、监事及经理。

限制获得荣誉称号；对失信生产经营单位，不得授予文明单位等荣誉称号，已获得荣誉称号的予以撤销；对失信生产经营单位法定代表人、主要负责人和直接责任人，不得授予道德模范、五一劳动奖章等荣誉称号，已获得荣誉称号的予以撤销；失信生产经营单位相关负责人不应推荐其为人大代表候选人、政协委员人选，也不得评优表彰。

在社会形象方面

守信联合激励合作备忘录的主要激励措施

在准入和支持方面

在办理行政许可过程中，实施"绿色通道"和"容缺受理"等便利服务措施，简化手续、加快办理进度。在专项基金项目、土地供应、财政资金支持等方面给予优先考虑，加大扶持力度。

在监管方面

在日常检查、专项检查中减少查验、抽查频次。

在金融方面

优良信用记录记入金融信用信息基础数据库，作为银行等金融机构授信融资贷款的重要参考条件。

在社会形象方面

在评选表彰方面给予一定的便利和支持；及时对外公布联合激励对象名单，树立为诚信典型，向社会推介。

知识小测试

1. 什么是信用？

2. 企业信用的等级符号及其含义是什么？

3. 联合惩戒合作备忘录的主要措施有哪些？

第二章

商务诚信建设知识

"快把我从纳税信用'黑名单'上撤下来吧！"

原来，李先生在成都上大学期间，曾和同学合伙开了一家公司，后来因经营不善公司倒闭，但却没有及时办理注销手续。李先生随后去了外地发展。几年来，由于李先生没有履行纳税申报义务，被录入纳税信用"黑名单"。

今年初，事业有成的李先生准备回成都成立公司拓展市场，没想到在办理工商登记时，却被告知因他上了纳税信用"黑名单"，无法正常注册。得知消息后，他在成都的合伙人为此对他的人品有了疑虑，开始重新考虑是否再与他合作。

无意的行为造成了严重的后果，信用建设无小事。

第一节　生产领域

一、生产经营单位纳入应急管理部管理"黑名单"的情形

1 发生重大及以上生产安全责任事故，或一个年度内累计发生责任事故死亡 10 人及以上的。

2 发生生产安全事故、发现职业病病人或疑似职业病病人后，瞒报、谎报或故意破坏事故现场、毁灭有关证据的。

3 存在重大安全生产事故隐患、作业岗位职业病危害因素的强度或浓度严重超标，经负有安全监管监察职责的部门指出或者责令限期整改后，不按时整改或整改不到位的。

4 暂扣、吊销安全生产许可证的。

5 存在其他严重违反安全生产、职业病危害防治法律法规行为的。

二、生产经营单位纳入应急管理部管理"黑名单"的期限规定

生产经营单位纳入"黑名单"管理的期限，为自公布之日起 1 年。连续进入"黑名单"管理的生产经营单位，从第 2 次纳入"黑名单"管理起，管理期限为 3 年。

三、应急管理部实施"黑名单"管理的基本程序

1. 信息采集

各级负有安全监管监察职责的部门（以下统称信息采集部门）对符合纳入"黑名单"管理条件的生产经营单位进行核实、取证，记录基础信息和纳入理由，并将相关证据资料存档。

每条信息应包括：

| 生产经营单位名称 | 工商注册号 | 单位主要负责人姓名 | 行政处罚决定 | 执法单位 |

事故信息还应包括：

| 事故时间 | 事故等级 | 事故简况 | 死亡人数 |

非法违法行为信息还应包括：

| 违法行为 |

事故隐患还应包括：

| 隐患等级 | 职业病危害因素检测浓度或强度 | 整改时限 | 整改落实情况 |

2. 信息告知

信息采集部门应当提前告知拟纳入"黑名单"管理的生产经营单位，并听取申辩意见。生产经营单位提出的事实、理由和证据成立的，应当予以采纳。

3. 信息交换

地方各级安全监管部门负责汇总本级采集的纳入"黑名单"管理的生产经营单位信息，符合本规定第三条规定情形的，逐级上报至应急管理部。

4. 信息公布

国家安全监管总局向国务院相关部门和单位（以下均为简称）：

国家发展改革委	国土资源部	生态环境部	人民银行
工商总局	证监会	保监会	银监会

通报纳入管理的"黑名单"相关信息，并通过应急管理部政府网站和中国安全生产报等媒体，每季度第一个月 20 日前向社会公布。

5. 信息移出

生产经营单位在"黑名单"管理期限内未发生新的符合纳入"黑名单"条件行为的，由该生产经营单位向原信息采集部门提供情况说明。原信息采集部门对其情况进行确认后，将相关情况信息告知本级安全监管部门，逐级上报至应急管理部，在管理期限届满后移出"黑名单"，于 10 个工作日内向社会公布并通报国务院相关部门和单位。

其中受到责令限期改正、责令停产停业整顿等现场处理或行政处罚的生产经营单位，应当在"黑名单"管理期限届满 30 个工作日前，向原信息采集部门报送整改材料并提出移出申请，经原信息采集部门组织验收合格、符合规定后方能移出。

四、生产经营单位及其有关人员纳入联合惩戒对象的失信行为

1 发生较大及以上生产安全责任事故，或 1 年内累计发生 3 起及以上造成人员死亡的一般生产安全责任事故的。

2 未按规定取得安全生产许可，擅自开展生产经营建设活动的。

3 发现重大生产安全事故隐患，或职业病危害严重超标，不及时整改，仍组织从业人员冒险作业的。

4 采取隐蔽、欺骗或阻碍等方式逃避、对抗安全监管监察的。

5 被责令停产停业整顿，仍然从事生产经营建设活动的。

6 瞒报、谎报、迟报生产安全事故的。

7 矿山、危险化学品、金属冶炼等高危行业建设项目安全设施未经验收合格即投入生产和使用的。

8 矿山生产经营单位存在超层越界开采、以探代采行为的。

9 发生事故后，故意破坏事故现场，伪造有关证据资料，妨碍、对抗事故调查，或主要负责人逃逸的。

10 安全生产和职业健康技术服务机构出具虚假报告或证明，违规转让或出借资质的。

案例

某石油有限公司××加油站，该企业未经安全许可，擅自进行危险化学品储存设施改建活动。

依据《对安全生产领域失信行为开展联合惩戒的实施办法》第二条中的第二项：未按规定取得安全生产许可，擅自开展生产经营建设活动，存在失信行为并纳入联合惩戒对象。

五、安全生产领域守信联合激励的对象和措施

联合激励对象为同时符合以下条件的生产经营单位及其有关人员：

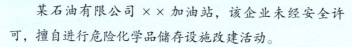

必须公开向社会承诺并严格遵守安全生产与职业健康法律、法规、标准等有关规定，严格履行安全生产主体责任

生产经营单位及其主要负责人、分管安全负责人3年内无安全生产失信行为

3年内未发生造成人员死亡的生产安全责任事故，未发现新发职业病病例

3年内未受到安全监管监察部门做出的行政处罚

安全生产标准化建设达到一级水平

联合激励的措施如下：

1. 发展改革部门支持措施

（1）建立行政审批"绿色通道"，根据实际情况实施"容缺受理"等便利服务措施。除法律法规要求提供的材料外，部分申报材料不齐备的，如其书面承诺在规定期限内提供，可先行受理，加快办理进度。

（2）在政府投资补助、项目贴息、项目审批、项目核准等方面予以积极支持。

（3）企业债券发行过程中，鼓励发行人披露信用信息，增强发行人的市场认可度，降低企业融资成本。

（4）在政府投资项目招标中，给予一定优惠措施和信用加分，同等条件优先考虑。

（5）在申请基础设施和公用事业特许经营时，给予一定优惠措施，同等条件优先考虑。

（6）重大项目稽查中，对于中央预算内投资项目，可适当减少抽查比例。

2. 给予科技管理支持

（1）科研开发项目，在符合相关年度科技计划立项管理程序要求的基础上予以优先考虑。

（2）在各类科技奖励的申报等方面，同等条件优先考虑。

3. 给予电信业务支持

在电信业务市场管理方面给予一定便利。

4. 给予公安行政服务管理支持

在落户政策和出入境管理方面给予一定优化服务。

5. 给予财政资金使用支持

在实施财政性资金项目安排时，将安全生产守信情况作为参考条件，同等条件下优先考虑联合激励对象。

6. 给予社会保障领域政策支持

（1）办理社会保险业务时享受"绿色通道"和快捷服务。

（2）引进管理和专业技术等各类人才时，给予相关支持。

7. 给予土地使用支持

在实施财政性资金项目安排时，将安全生产守信情况作为参考条件，同等条件下优先考虑联合激励对象。

8. 给予土地使用支持

在政府招标供应土地时，同等条件下予以优先考虑。

9. 给予环境保护许可事项支持

办理环境影响评价文件审批等环境保护许可事项时，同等条件下，依法予以优先办理。

10. 住房和城乡建设领域激励措施

（1）建立行政审批"绿色通道"，根据实际情况实施"容缺受理"等便利服务措施。除法律法规要求提供的材料外，部分申报材料不齐备的，如其书面承诺在规定期限内提供，可先行受理，加快办理进度。

（2）可适度减少常规检查。

11. 交通领域激励措施

在道路运输企业审验、确定经营范围、线路投标等方面给予一定优惠措施。

12. 金融部门授信融资参考

（1）将安全生产守信情况作为银行等金融机构授信融资贷款的重要参考，合理优化授信审批流程，在风险可控、商业可持续的原则下适当加大贷款支持力度。

（2）在非金融企业债务融资工具注册过程中，鼓励发行人披露信用信息，提高发行人的市场认可度。

（3）将安全生产守信情况提供给信用服务机构、金融信用信息基础数据库。

13. 在国有资产管理领域作为考核重要参考

将安全生产守信情况作为相关责任人综合考评、干部选任、评先评优的重要参考。

14. 给予税收管理支持

提供"绿色通道"或专门人员帮助办理涉税事项。

15. 安全生产领域激励措施

（1）在制订执法检查计划时，减少对其执法检查的频次。

（2）安全生产许可证到期后可通过申报有关资料，直接延期一个许可周期。

（3）在申请安全生产政策性资金、评先评优活动中，予以优先考虑。

（4）优先参与安全生产法规、规章和标准的制修订工作。

（5）建立联合激励对象名录，作为安全生产典型示范企业加以宣传推广。

（6）地方各级安全监管部门和各级煤矿安全监察机构还可结合实际，依法依规采取其他激励措施。

16. 优先给予先进荣誉

（1）在文明城市、文明单位评比中予以优先考虑。

（2）在评选五一劳动奖章时予以优先考虑。

（3）在评选"全国三八红旗手"时予以优先考虑。

17. 其他激励措施

将安全生产守信情况作为各部门在本行业、本领域内向有关生产经营单位和个人颁发荣誉证书、嘉奖和表彰等荣誉性称号的重要参考，优先给予奖励和表彰。

六、安全生产领域失信联合惩戒的对象

联合惩戒的对象为在安全生产领域存在失信行为的生产经营单位及其法定代表人、主要负责人、分管安全的负责人、负有直接责任的有关人员等。上述联合惩戒对象，由安全监管总局定期汇总后提供。

第二节　电力领域

一、涉电力领域的市场主体

涉电力领域市场主体包括：

发电企业	售电企业	参与电力市场交易的电力用户	电网企业	电力建设
施工	监理	勘察	设计企业	电力设备供应企业

二、涉电力领域市场主体"黑名单"的通用认定标准

涉电力领域市场主体存在下列情形之一的，应按照规定程序列入"黑名单"：

1 未取得许可从事相关业务、涂改许可证、隐瞒有关情况或者以提供虚假申请材料等方式违法违规进入市场，未按要求及时变更注册信息和用户登记信息，且拒不整改。

2 违反信用承诺且拒不整改。

3 在其他领域因严重违法失信行为被列入相关"黑名单"。

4 存在其他违法违规行为，受到行政处罚等法律处罚，情节严重或拒不整改。

三、涉电力领域市场主体"黑名单"的专业认定标准

1. 售电企业黑名单认定标准

国家发改委、国家能源局对涉电力领域失信名单管理中，售电企业存在下列情形之一，情节严重或拒不整改的，应按照规定程序列入"黑名单"：

（1）超出准入条件规定的售电量范围开展售电业务。

（2）未承担保密义务，违规泄露用户信息。

2. 参与电力市场交易的电力用户"黑名单"认定标准

国家发改委、国家能源局对涉电力领域失信名单管理中，参与电力市场交易的电力用户存在下列情形之一，情节严重或拒不整改的，应按照规定程序列入"黑名单"：

（1）存在违约用电、窃电或者破坏电力设施行为。

（2）存在用电安全隐患等影响电力安全稳定运行或威胁人身安全的行为。

（3）以各种形式逃缴、拒缴和拖欠政府性基金或政策性交叉补贴。

3. 电网企业"黑名单"认定标准

国家发改委、国家能源局对涉电力领域失信名单管理中，电网企业存在下列情形之一，情节严重或拒不整改的，应按照规定程序列入"黑名单"：

（1）未按国家有关规定和合同约定承担保底供电服务和普遍服务。

（2）未严格落实电网安全责任，供电质量未达到承诺标准。

（3）未做到对发电企业、电力用户及其他电网企业的无歧视公平接入。

（4）存在干预发电企业、售电公司、电力用户之间相互自主选择的行为。

4. 电力建设、施工、监理、勘察、设计企业"黑名单"认定标准

国家发改委、国家能源局对涉电力领域失信名单管理中，电力建设、施工、监理、勘察、设计企业存在下列情形之一，情节严重或拒不整改的，应按照规定程序列入"黑名单"：

（1）转让、出租出借、借用挂靠、涂改、伪造许可资质（资格）证书或者以其他方式允许其他单位或者个人以本单位名义承揽工程。

（2）超越许可范围承揽工程。

（3）弄虚作假骗取中标、以不正当手段承揽工程。

（4）将工程转包或者违法分包。

（5）存在重大安全、质量隐患，经督查不及时整改。

（6）未按核准文件确定的招标方式开展招标。

（7）发生因工程安全质量问题引发的较大安全责任事故。

（8）严重违反合同约定。

案例

　　××发电厂在扩建过程中发生冷却塔施工平台坍塌特别重大事故，××有限公司作为此次事故的施工单位，安全生产管理机制不健全，现场施工管理混乱，未按要求制订拆除作业管控措施，对拆模工序管理失控，对劳务分包单位管理缺失，任由劳务作业队伍凭经验盲目自行拆除。

　　本事件由于管理不到位，发生特别重大事故。按照涉电力领域市场主体在安全生产方面存在发生《生产安全事故报告和调查处理条例》所规定的重大生产安全事故且情节严重的，应按照规定程序列入"黑名单"。

5. 电能服务企业"黑名单"认定标准

　　国家发改委、国家能源局对涉电力领域失信名单管理中，电能服务企业存在下列情形之一，情节严重或拒不整改的，应按照规定程序列入"黑名单"：

（1）提供的平台或产品问题给用户造成经济损失。

（2）拒不处理客户投诉。

（3）采用不正当手段竞争，扰乱市场秩序。

（4）骗取国家政府补贴。

6. 电力设备供应企业黑名单认定标准

国家发改委、国家能源局对涉电力领域失信名单管理中，电力设备供应企业存在下列情形之一，情节严重或拒不整改的，应按照规定程序列入"黑名单"：

（1）降低产品设计标准、偷工减料，或在生产制造过程中使用伪劣原材料、组部件以次充好。

（2）在施工（建筑、安装等）、调试或运行过程中，出现质量问题，发生安全事故或质量事故。

（3）不能安全稳定运行或技术、质量等性能指标与设计值出现重大偏差，且无法通过进一步调试和正常维护得到解决。

（4）存在商业行贿受贿行为，经营者为销售或购买商品而采用财务或其他手段贿赂对方单位或个人。

7. 涉电力领域市场主体在电力市场交易方面存在哪些情形应列入"黑名单"

国家发改委、国家能源局对涉电力领域失信名单管理中，涉电力领域市场主体在电力市场交易方面存在下列情形之一，情节严重或拒不整改的，应按照规定程序列入"黑名单"：

（1）无故未履行市场交易合同或具有法律效力的交易意向。

（2）未按时进行交易结算，拖欠电费。

（3）恶意串通、操纵市场或变相操纵市场。

（4）提供虚假信息，违规发布信息，或未按规定披露、提供信息。

（5）违反电力市场交易规则开展交易。

8. 涉电力领域市场主体在电力规划设计、政策标准执行及项目合作、建设管理方面存在哪些情形应列入"黑名单"

国家发改委、国家能源局对涉电力领域失信名单管理中，涉电力领域市场主体在电力规划设计、政策标准执行及项目合作、建设管理方面有下列情形之一，情节严重或拒不整改的，应按照规定程序列入"黑名单"：

（1）未按照规划总量进行产能布局、重复建设、开发利用效率低下、发展失衡，违反相关优选原则。

（2）选择性执行或变相、消极、错误执行国家有关能源政策。

（3）违反电力行业标准化工作有关强制性规定或执行国家强制性标准情况不达标。

（4）新建电力项目违法违规转让开展前期工作资格或核准文件。

（5）违法违规变更新建项目投资主体。

（6）需核准的电力项目未经核准先行开工建设，或者未按核准文件规定建设。

（7）电力项目存在超容量建设、停产整顿项目继续建设、为争取国家补贴指标而虚拟项目、以资源综合利用名义建设低效项目等情形。

9. 涉电力领域市场主体在安全生产、应急管理和节能减排方面存在哪些情形应列入"黑名单"

国家发改委、国家能源局对涉电力领域失信名单管理中，涉电力领域市场主体在安全生产、应急管理和节能减排方面有下列情形之一，情节严重或拒不整改的，应按照规定程序列入"黑名单"：

（1）发生《生产安全事故报告和调查处理条例》所规定的重大生产安全事故，或一年内累计发生责任事故死亡10人（含）以上。

（2）发生《电力安全事故应急处置和调查处理条例》所规定的重大电力安全事故。

（3）重大安全生产隐患不及时整改或整改不到位。

（4）发生暴力抗法的行为，或未按时完成行政执法指令。

（5）发生事故隐瞒不报、谎报或迟报，故意破坏事故现场、毁灭有关证据。

（6）经监管执法部门认定严重威胁安全生产的其他行为。

（7）在电力、核电厂等领域未按国家要求有效落实应急管理责任；未建立电力应急指挥体系，未制定电力安全应急预案，不按规定开展应急演练。

（8）未按规定安装、运行环保设备，污染物排放不符合环保标准和规定，瞒报、伪造、篡改统计数据和相关备查资料。

（9）阻碍、抗拒依法实施的节能监管，情节严重或隐匿、拒不提供相关资料。

10. 在许可监管中发现涉电力领域市场主体存在哪些情形应列入"黑名单"

国家发改委、国家能源局对涉电力领域失信名单管理中，在许可监管中发现涉电力领域市场主体有下列情形之一，情节严重或拒不整改的，应按照规定程序列入"黑名单"：

（1）出租出借或借用挂靠许可资质。

（2）超出许可范围或者超过许可期限从事相关业务且限期未完成整改。

（3）不具备许可条件仍从事相关业务，未在规定期限内申请许可变更或注销且限期内未完成整改。

（4）未经批准，擅自停业、歇业。

四、涉电力领域"黑名单"的认定程序

认定部门（单位）应按照以下程序认定"黑名单"：

1 正式告知拟列入"黑名单"的市场主体列入事由和列入依据，允许其在 10 个工作日内提交有关申辩材料。

2 组成相关政府部门、社会组织及行业专家参加的小组，根据各方提供的材料进行审查，提出市场主体是否列入"黑名单"的认定意见书。

3 县级以上行业主管部门、相关监管部门认定的"黑名单"直接生效；授权的全国性行业协会商会认定的"黑名单"，需经相应信用建设牵头部门或能源监管部门审核后生效。

4 完成认定后，认定部门（单位）应向列入"黑名单"的市场主体下达认定决定函。

五、涉电力领域"黑名单"的发布方式

认定生效的"黑名单",由认定部门(单位)通过:

门户网站　　地方政府信用网站　　"信用中国"网站　　电力交易机构网站

等方式向社会公众发布。

六、涉电力领域"黑名单"的退出条件

已被列入"黑名单"的市场主体,符合以下条件的,经认定部门(单位)确认,可以退出"黑名单":

1 市场主体自被列入"黑名单"之日起满 3 年,未再发生严重违法失信行为。

2 市场主体被列入"黑名单"的主要事实依据被撤销。

3 "黑名单"认定标准发生改变,不符合新认定标准。

4 按照有关规定和标准完成自主信用修复,经认定部门(单位)审核同意。

5 经异议处理,"黑名单"认定有误。

七、涉电力领域 "黑名单" 的退出程序

市场主体退出 "黑名单" 后，认定部门（单位）应及时通过原发布渠道发布名单退出公告，并将其列入重点关注名单。对于认定有误的 "黑名单"，不列入重点关注名单。

八、涉电力领域市场主体的权益保护措施

认定部门（单位）应建立市场主体自主信用修复机制，在下达 "黑名单" 认定决定函时结合失信行为的严重程度，明确市场主体能否修复信用以及修复的方式和期限。可通过履行相关义务纠正失信行为的 "黑名单" 市场主体，可在履行相关义务后，向认定部门（单位）提交相关材料申请退出。

认定部门（单位）应建立 "黑名单" 异议处理机制，明确异议受理渠道、办理流程和时限。有关单位和个人对被列入 "黑名单" 有异议的，可向认定部门（单位）提交异议申请并提供证明材料。认定部门（单位）应严格按时限反馈是否受理的意见，受理后要按时限反馈处理结果。当事人对反馈结异议的，可依法申请复议。

认定部门（单位）自主发现的，或接到门、单位、个人反映、投诉的名单信息不准确情况，要及时核实。确因认定部门（单位）工作失误导致有关单位和个人列入 "黑名单" 的，认定部门（单位）应及时更正当事人记录，向当事人书面道歉并进行澄清，恢复其名誉。导致权益受损的，依法给予赔偿。

第三节　税务领域

一、纳税信用及级别划分

纳税信用，是纳税人依法履行涉税义务的诚信度。纳税信用的高低，是由纳税信用级别来体现的。纳税信用级别，具体是由国家税务总局、地方税务机关根据评价指标，以及采集相关涉税信息，通过系统联合计算产生。

纳税信用级别分为：

A 级

年度评价指标得分在 90 分以上的。

B 级

年度评价指标得分在 70 分以上不满 90 分的。

M 级

未发生《纳税信用管理办法（试行）》第二十条所列失信行为的下列企业适用 M 级纳税信用：

（1）新设立企业；（2）评价年度内无生产经营业务收入且年度评价指标得分 70 分以上的企业。

C 级

年度评价指标得分在 40 分以上不满 70 分的。

D 级

年度评价指标得分在 40 分以下的或者直接判级确定的。

二、纳税信用管理

纳税信用管理，是指税务机关对纳税人的纳税信用信息开展的采集、评价、确定、发布和应用等活动。

三、纳税人不参加纳税信用评价的规定

纳税信用评价周期为一个纳税年度，有下列情形之一的纳税人，不参加本期的评价：

1 纳入纳税信用管理时间不满一个评价年度的。

2 本评价年度内无生产经营业务收入的。

3 因涉嫌税收违法被立案查处尚未结案的。

4 被审计、财政部门依法查出税收违法行为，税务机关正在依法处理，尚未办结的。

5 已申请税务行政复议、提起行政诉讼尚未结案的。

6 其他不应参加本期评价的情形。

四、纳税人评定纳税信用等级的特殊规定

有下列情形之一的纳税人，本评价年度不能评为 A 级：

（1）实际生产经营期不满 3 年的。

（2）上一评价年度纳税信用评价结果为 D 级的。

（3）非正常原因一个评价年度内增值税或营业税连续 3 个月或者累计 6 个月零申报、负申报的。

（4）不能按照国家统一的会计制度规定设置账簿，并根据合法、有效凭证核算，向税务机关提供准确税务资料的。

有下列情形之一的纳税人，本评价年度直接判为 D 级：

存在逃避缴纳税款、逃避追缴欠税、骗取出口退税、虚开增值税专用发票等行为，经判决构成涉税犯罪的。

存在前项所列行为，未构成犯罪，但偷税（逃避缴纳税款）金额 10 万元以上且占各税种应纳税总额 10% 以上，或者存在逃避追缴欠税、骗取出口退税、虚开增值税专用发票等税收违法行为，已缴纳税款、滞纳金、罚款的。

在规定期限内未按税务机关处理结论缴纳或者足额缴纳税款、滞纳金和罚款的。

以暴力、威胁方法拒不缴纳税款或者拒绝、阻挠税务机关依法实施税务稽查执法行为的。

存在违反增值税发票管理规定或者违反其他发票管理规定的行为，导致其他单位或者个人未缴、少缴或者骗取税款的。

提供虚假申报材料享受税收优惠政策的。

骗取国家出口退税款，被停止出口退（免）税资格未到期的。

有非正常户记录或者由非正常户直接责任人员注册登记或者负责经营的。

由 D 级纳税人的直接责任人员注册登记或者负责经营的。

存在税务机关依法认定的其他严重失信情形的。

案例

　　×化工有限公司，由于取得的进项发票较少，企业缴税压力增大，为了少缴税款，该公司负责人便动起了歪脑筋，一时贪图小利，在无真实货物交易的情况下，从某两家企业购买虚开的增值税专用发票，进行虚假申报，抵扣销项税款。企业纳税申报数据的异常变化，很快引起了当地税务机关的注意，经过检查，查实了该企业虚开发票的违法事实，并依法将该企业纳入税收违法"黑名单"，报送相关部门进行联合惩戒。

　　自从上了税收违法"黑名单"，该企业的生产经营活动处处受限，企业纳税信用等级被降为 D 级。

五、税务部门对失信纳税人的认定标准

1 存在逃避缴纳税款、逃避追缴欠税、骗取出口退税、虚开增值税专用发票等行为，经判决构成涉税犯罪的。

2 存在前项所列行为，未构成犯罪，但偷税（逃避缴纳税款）金额10万元以上且占各税种应纳税总额10%以上，或者存在逃避追缴欠税、骗取出口退税、虚开增值税专用发票等税收违法行为，已缴纳税款、滞纳金、罚款的。

3 在规定期限内未按税务机关处理结论缴纳或者足额缴纳税款、滞纳金和罚款的。

4 以暴力、威胁方法拒不缴纳税款或者拒绝、阻挠税务机关依法实施税务稽查执法行为的。

5 存在违反增值税发票管理规定或者违反其他发票管理规定的行为，导致其他单位或者个人未缴、少缴或者骗取税款的。

6 提供虚假申报材料享受税收优惠政策的。

7 骗取国家出口退税款，被停止出口退（免）税资格未到期的。

8 有非正常户记录或者由非正常户直接责任人员注册登记或者负责经营的。

9 　由 D 级纳税人的直接责任人员注册登记或者负责经营的。

10 　存在税务机关依法认定的其他严重失信情形的。

六、税务机关对纳税人激励惩戒措施

税务机关对 A 级的纳税人激励措施有：

1 　主动向社会公告年度 A 级纳税人名单。

2 　一般纳税人可单次领取 3 个月的增值税发票用量，需要调整增值税发票用量时即时办理。

3 　普通发票按需领用。

4 　连续 3 年被评为 A 级信用级别（简称 3 连 A）的纳税人，除享受以上措施外，还可以由税务机关提供绿色通道或专门人员帮助办理涉税事项。

5 　税务机关与相关部门实施的联合激励措施，以及结合当地实际情况采取的其他激励措施。

案例

　　某科技有限公司是某省地区生产锦纶纤维的大户企业。该公司重合同守信用，诚信经营，严把产品质量关，产品大多出口欧美国家。2017年被该区国家税务局和地方税务局评为A级纳税人。及时主动向社会公告年度A级纳税人名单，办税服务厅为A级纳税人设立绿色办税通道，税务部门给予优先认定自开票纳税人，在普通发票使用量上优先满足供应使用，对A级纳税人可以单次领取3个月增值税发票用量，并取消增值税发票认证，极大地方便纳税人办税。

　　税务机关对D级的纳税人管理措施：

　　（1）按照《纳税信用管理办法（试行）》第二十七条的规定，公开D级纳税人及其直接责任人员名单，对直接责任人员注册登记或者负责经营的其他纳税人纳税信用直接判为D级。

　　（2）增值税专用发票领用按辅导期一般纳税人政策办理，普通发票的领用实行交（验）旧供新、严格限量供应。

　　（3）加强出口退税审核。

　　（4）加强纳税评估，严格审核其报送的各种资料。

　　（5）列入重点监控对象，提高监督检查频次，发现税收违法违规行为的，不得适用规定处罚幅度内的最低标准。

　　（6）将纳税信用评价结果通报相关部门，建议在经营、投融资、取得政府供应土地、进出口、出入境、注册新公司、工程招投标、政府采购、获得荣誉、安全许可、生产许可、从业任职资格、资质审核等方面予以限制或禁止。

　　（7）D级评价保留2年，第三年纳税信用不得评价为A级。

　　（8）税务机关与相关部门实施的联合惩戒措施，以及结合实际情况依法采取的其他严格管理措施。

案例

　　某广告公司，成立于 2012 年 1 月，主要从事广告服务业务。经查，该企业 2013～2015 年未按规定申报缴纳企业所得税、城市建设税、教育费附加、地方教育费附加等地方税费，合计 15.54 万元。

　　企业主管地税机关，依法追缴欠税，按日加收滞纳金，处以罚款，并将行政处罚信息上传至信用信息共享服务平台。纳税信用级别也由 B 级降为 D 级。

　　企业不依法申报缴纳税款，受到应有行政处罚，信用级别降低，经济上、信誉上"双受损"。行政处罚信息共享以后，对企业招投标等也会产生影响。

七、重大税收违法案件中联合惩戒的对象

　　联合惩戒对象为税务机关根据《国家税务总局关于修订〈重大税收违法案件信息公布办法（试行）〉的公告》（国家税务总局公告 2016 年第 24 号）等有关规定，公布的重大税收违法案件信息中所列明的当事人（以下简称当事人）。当事人为自然人的，惩戒的对象为当事人本人；当事人为企业的，惩戒的对象为企业及其法定代表人、负有直接责任的财务负责人；当事人为其他经济组织的，惩戒的对象为其他经济组织及其负责人、负有直接责任的财务负责人；当事人为负有直接责任的中介机构及从业人员的，惩戒的对象为中介机构及其法定代表人或负责人，以及相关从业人员。

案例

　　2014 年 7 月，经税务局稽查认定，某贸易公司虚开增值税专用发票，因该公司涉嫌犯罪，移交公安机关追究刑事责任。2015 年 4 月，经某地中级人民法院最终裁定，该公司当事人虚开增值税专用发票罪，判处有期徒刑 11 年，并处罚金 25 万元。2015 年 8 月，国税局稽查局在重大税收违法案件公布系统中录入某贸易公司案件信息，在国税局门户网站上公告了该案违法信息。国税局稽查局主动联系某重大税收违法案件联合惩戒的牵头单位某发展与改革委员会，汇报相关情况，通过人工方式向其推送了该案信息。2016 年 1 月，发展与改革委员会在信用网站上对该公司案件进行了曝光。国税局稽查局通过某小微企业信用信息公享服务平台向中国人民银行某支行推送了该案信息，供金融机构对当事人融资授信参考使用，进行必要限制。

　　工商行政管理部门依据《中华人民共和国公司法》，限制当事人担任企业的法定代表人、董事、监事及经理。法院对当事人纳入失信被执行人名单，禁止该当事人乘坐飞机、高铁。

第四节　工商行政领域

一、工商行政管理部门对经营异常名录企业的认定标准

县级以上工商行政管理部门应当将有下列情形之一的企业列入经营异常名录：

（1）未按照《企业信息公示暂行条例》第八条规定的期限公示年度报告的。

（2）未在工商行政管理部门依照《企业信息公示暂行条例》第十条规定责令的期限内公示有关企业信息的。

（3）公示企业信息隐瞒真实情况、弄虚作假的。

（4）通过登记的住所或者经营场所无法联系的。

案例

某经纪有限公司，注册号：××××××，法定代表人：某某。未按期限公示年度报告，被某市工商行政管理局某分局列入经营异常名录。

依照《企业经营异常名录管理暂行办法》第四条：未按照《企业信息公示暂行条例》第八条规定的期限公示年度报告的，县级以上工商行政管理部门应当将企业列入经营异常名录。

二、工商行政管理部门将企业列入经营异常名录的发布方式和发布内容

工商行政管理部门将企业列入经营异常名录的，应当作出列入决定，将列入经营异常名录的信息记录在该企业的公示信息中，并通过企业信用信息公示系统统一公示。列入决定应当包括：企业名称、注册号、列入日期、列入事由、作出决定机关。

三、工商行政管理部门认定的经营异常名录企业申请移出的条件

1 被列入经营异常名录的企业自列入之日起3年内依照《企业信息公示暂行条例》规定履行公示义务的，可以向作出列入决定的工商行政管理部门申请移出经营异常名录。

2 依照《企业经营异常名录管理暂行办法》第六条规定，被列入经营异常名录的企业，可以在补报未报年份的年度报告并公示后，申请移出经营异常名录，工商行政管理部门应当自收到申请之日起5个工作日内作出移出决定。

3 依照《企业经营异常名录管理暂行办法》第七条规定，被列入经营异常名录的企业履行公示义务后，申请移出经营异常名录的，工商行政管理部门应当自收到申请之日起5个工作日内作出移出决定。

4 依照《企业经营异常名录管理暂行办法》第八条规定，被列入经营异常名录的企业更正其公示的信息后，可以向工商行政管理部门申请移出经营异常名录，工商行政管理部门应当自查实之日起5个工作日内作出移出决定。

5　依照《企业经营异常名录管理暂行办法》第九条规定，被列入经营异常名录的企业，依法办理住所或者经营场所变更登记，或者企业提出通过登记的住所或者经营场所可以重新取得联系，申请移出经营异常名录的，工商行政管理部门应当自查实之日起 5 个工作日内作出移出决定。

四、工商行政管理部门认定的经营异常名录企业列入严重违法企业名单的规定

工商行政管理部门应当在企业被列入经营异常名录届满 3 年前 60 日内，通过企业信用信息公示系统以公告方式提示其履行相关义务；届满 3 年仍未履行公示义务的，将其列入严重违法企业名单，并通过企业信用信息公示系统向社会公示。

五、工商行政管理部门对严重违法失信企业名单的认定标准

企业有下列情形之一的，由县级以上工商行政管理部门列入严重违法失信企业名单管理：

（1）被列入经营异常名录届满 3 年仍未履行相关义务的。

（2）提交虚假材料或者采取其他欺诈手段隐瞒重要事实，取得公司变更或者注销登记，被撤销登记的。

（3）组织策划传销的，或者因为传销行为提供便利条件两年内受到三次以上行政处罚的。

（4）因直销违法行为两年内受到三次以上行政处罚的。

（5）因不正当竞争行为两年内受到三次以上行政处罚的。

（6）因提供的商品或者服务不符合保障人身、财产安全要求，造成人身伤害等严重侵害消费者权益的违法行为，两年内受到三次以上行政处罚的。

（7）因发布虚假广告两年内受到三次以上行政处罚的，或者发布关系消费者生命健康的商品或者服务的虚假广告，造成人身伤害的或者其他严重社会不良影响的。

（8）因商标侵权行为五年内受到两次以上行政处罚的。

（9）被决定停止受理商标代理业务的。

（10）国家工商行政管理总局规定的其他违反工商行政管理法律、行政法规且情节严重的。

企业违反工商行政管理法律、行政法规，有前款第（3）项至第（8）项规定行为之一，两年内累计受到三次以上行政处罚的，列入严重违法失信企业名单管理。

六、工商行政管理部门对列入严重违法失信企业名单的发布内容和发布方式

工商行政管理部门将企业列入严重违法失信企业名单的，应当作出列入决定。列入决定应当包括：

工商行政管理部门应当将列入严重违法失信企业名单的信息记录在该企业的公示信息中，并通过企业信用信息公示系统统一公示。工商行政管理部门应当将严重违法失信企业名单信息与其他政府部门互联共享，实施联合惩戒。

七、工商行政管理部门对严重违法失信企业名单的企业惩戒措施

（1）列为重点监督管理对象。

（2）不予通过"守合同重信用"企业公示活动申报资格审核。

（3）依照《严重违法失信企业名单管理暂行办法》第五条第一款第（一）项规定被列入严重违法失信企业名单的企业的法定代表人、负责人，3年内不得担任其他企业的法定代表人、负责人。

（4）不予授予相关荣誉称号。

八、工商行政管理部门认定的严重违法失信企业退出条件

企业自被列入严重违法失信企业名单之日起满5年未再发生下列情形的，由有管辖权的工商行政管理部门移出严重违法失信企业名单。

（1）被列入经营异常名录届满3年仍未履行相关义务的。

（2）提交虚假材料或者采取其他欺诈手段隐瞒重要事实，取得公司变更或者注销登记，被撤销登记的。

（3）组织策划传销的，或者因为传销行为提供便利条件两年内受到三次以上行政处罚的。

（4）因直销违法行为两年内受到三次以上行政处罚的。

（5）因不正当竞争行为两年内受到三次以上行政处罚的。

（6）因提供的商品或者服务不符合保障人身、财产安全要求，造成人身伤害等严重侵害消费者权益的违法行为，两年内受到三次以上行政处罚的。

（7）因发布虚假广告两年内受到三次以上行政处罚的，或者发布关系消费者生命健康的商品或者服务的虚假广告，造成人身伤害的或者其他严重社会不良影响的。

（8）因商标侵权行为五年内受到两次以上行政处罚的。

（9）被决定停止受理商标代理业务的。

（10）国家工商行政管理总局规定的其他违反工商行政管理法律、行政法规且情节严重的。

九、工商行政管理部门对企业行政处罚及信息公示的要求

工商行政管理部门按照《企业信息公示暂行条例》《工商行政管理行政处罚信息公示暂行规定》的要求，将市场主体登记、监管、行政处罚和企业自行申报的有关信息通过企业信用信息公示系统进行公示和共享。

企业因违反相关法律法规被行业主管部门给予行政处罚的，通过企业信用信息公示系统、"信用中国"网站进行公示。未依法公示信息，公示信息隐瞒真实情况、弄虚作假，通过登记的住所或经营场所无法联系，以及具有其他严重违法失信行为的，由工商行政管理部门将其列入经营异常名录或者严重违法失信企业名单，通过企业信用信息公示系统向社会公示；情节严重的，由有关主管部门依照有关法律、行政法规规定给予行政处罚。

各部门办理本领域内行政审批时，相关法律法规或规范性文件明确将企业诚信状况或无违法记录作为审批条件的，应将企业信用信息系统上公示的信息作为重要参考。

第五节　金融领域

一、涉金融严重失信人名单的管理

涉金融严重失信人名单管理，是将金融活动过程中违反法律法规且情节严重的金融活动主体列入涉金融严重失信人名单，并由相关部门依据所适用的法律法规对其实施联合惩戒，同时通过"信用中国"网站等平台向社会公示的系统性工作。

二、涉金融严重失信人名单的适用主体

涉金融严重失信人名单适用以下金融活动参与主体：

（1）经国务院金融监管机构批准设立的金融机构；或依法经登记、备案从事相关金融活动的机构。

（2）经相关管理部门批准设立的从事相关金融活动的机构和企业。

（3）经工商注册成立的从事相关金融活动的机构和企业。

（4）自然人、法人和其他社会组织等金融交易对手方或融资主体。

（5）以上机构或企业的法定代表人、董事、监事、高级管理人员及对失信行为负有直接责任的从业人员。

（6）国家发展和改革委员会会同相关管理部门规定的其他涉及金融活动的主体。

三、涉金融严重失信人的认定标准和发布方式

1. 认定标准

适用主体有下列情形之一且情节严重，经相关管理部门认定，应将其列入涉金融严重失信人名单：

（1）有履行能力而不履行债务等恶意逃废债行为。

（2）一方当事人故意提供虚假情况，或者故意隐瞒真实情况，以及利用其他诈骗手段，骗取对方当事人财产的诈骗行为。

（3）有非法集资行为或从事非法证券期货活动。

（4）其他涉及金融犯罪被依法追究刑事责任的行为和因违反金融监管规定被依法处以较重行政处罚的行为。

案例

某商贸有限公司，统一社会信用代码＊＊＊＊＊＊，注册时间2015年7月29日，注册资本10万元人民币，法定代表人某某。

某年某月某日凌晨，某温泉酒店发生火灾事故，造成多人死亡、多人受伤，死者全部为"某商贸有限公司"老年旅行团成员。据悉，组织该老年旅行团的某商贸有限公司并非正规旅行社，而是一家商贸公司，其经营范围是销售食品、保健食品、家用电器等，不包括旅游业务，某年某月某日进行工商变更时，显示某商贸有限公司增加了一项"旅游咨询"业务，但这与"旅游业务"并不相同。根据《中华人民共和国旅游法》规定，经营旅行社业务的企业必须取得旅行社经营许可证，但某商贸有限公司在没有相关许可的情况下，长期以购买保健品送旅游的模式，开展旅游业务。

本事件因某商贸有限公司未取得旅行社经营许可证，故意隐瞒真实情况，骗取老年人财产。按照涉金融严重失信人的认定标准：存在一方当事人故意提供虚假情况，或者故意隐瞒真实情况，以及利用其他诈骗手段，骗取对方当事人财产的诈骗行为；且情节严重，经相关管理部门认定，应将其列入涉金融严重失信人名单。

2. 发布方式

除依法不得公开和特殊情况不宜对外公开的之外，国家发展和改革委员会应通过"信用中国"网站统一向社会公布全国涉金融严重失信人名单。各地各级相关管理部门可以根据各地实际情况，将本辖区或本层级的涉金融严重失信人名单通过网络、出版物等媒介予以公布。涉金融严重失信人名单全国适用。

四、涉金融严重失信人名单认定程序和移出程序

1. 认定程序

相关管理部门根据法院判决、法院裁决、行政处罚或行政认定决定，确定涉金融严重失信人名单。人民法院应当将符合本通知规定的相关生效刑事判决、失信被执行人名单在内的有关信息推送给相关政府管理部门，由相关政府管理部门将符合适用情形的相关机构或个人纳入涉金融严重失信人名单。相关政府管理部门应自行政处罚或行政认定决定生效起 5 个工作日内，将符合适用情形的相关机构或个人列入涉金融严重失信人名单。国家发展和改革委员会会同相关管理部门共同确定统一的名单列入原则和尺度以及各领域具体列入标准。

2. 移出程序

列入涉金融严重失信人名单所依据的法院判决、法院裁定、行政处罚或行政认定决定被撤销或被变更后不符合适用情形的，列入部门应当在知道相关决定后 5 个工作日内，通过全国信用信息共享平台向国家发展和改革委员会提出移出申请，国家发展和改革委员会核实后，可以将其移出涉金融严重失信人名单并予公告。

除法律法规另有规定外，已列入涉金融严重失信人名单满 5 年后，且列入期间未再次出现适用情形的情况，由全国信用信息共享平台将相关名单移出。

对人民法院判决实施监禁刑罚的失信人，列入期限为自法院判决生效至刑罚执行完毕后满 5 年。列入期间未再次出现适用情形的，由全国信用信息共享平台将相关名单移出。

在被列入涉金融严重失信人名单期间再次出现适用情形的，其移出时间自新的失信行为认定之日起顺延五年，并更新涉金融严重失信人名单相关信息。

五、涉金融严重失信人权益保护措施

金融活动参与主体对被列入涉金融严重失信人名单有异议的，可以向列入部门提出书面申诉并提交相关证明材料。列入部门应当在 5 个工作日内决定是

否受理。不予受理的，将不予受理的理由书面告知申诉人；予以受理的，应当在 20 个工作日内核实，并将核实结果书面告知申诉人。通过核实发现列入涉金融严重失信人名单存在错误的，应当自查实之日起 5 个工作日内予以更正，并通过全国信用信息共享平台报送至国家发展和改革委员会。

六、涉金融严重失信人实施的联合惩戒对象

联合惩戒对象为列入涉金融严重失信人名单的当事人。当事人为企业的，联合惩戒对象为企业及其法定代表人、实际控制人、负有个人责任或直接领导责任的董事、监事、高级管理人员，负有直接责任的从业人员；当事人为社会组织的，联合惩戒对象为社会组织及其法定代表人和负有直接责任的工作人员；当事人为自然人的，惩戒对象为自然人本人。

第六节　价格质量和贸易流通领域

一、价格诚信

价格诚信是指经营者向消费者提供商品和服务时，做出的质价相符、公开真实的承诺，无虚假信息、无以次充好、无掺杂使假、无价格欺诈等行为，并且要履行诺言，承诺兑现。

二、价格垄断行为

价格垄断行为，是指经营者通过相互串通或者滥用市场支配地位，操纵市场调节价，扰乱正常的生产经营秩序，损害其他经营者或者消费者合法权益，或者危害社会公共利益的行为。

三、严重质量违法失信行为的联合惩戒对象

联合惩戒的对象为违反产品质量管理相关法律、法规，违背诚实信用原则，经过质检部门认定存在严重质量违法失信行为的生产经营企业（以下简称"失信企业"）及其法定代表人。上述联合惩戒对象由质检总局定期汇总后提供给签署备忘录的各部门。

四、公共资源交易领域严重失信主体的联合惩戒对象

联合惩戒的对象为违反公共资源交易相关法律、法规规定，违背诚实信用原则，存在以下行为之一，被主管部门依法实施行政处罚的企业（以下简称失信企业）及负有责任的法定代表人、自然人股东、评标评审专家及其他相关人员（以下简称失信相关人）：

（1）违反法律规定，必须进行招标的项目而不招标的，将必须进行招标的项目化整为零或者以其他任何方式规避招标的。

（2）招标代理机构违反法律规定，泄露应当保密的与招标投标活动有关的情况和资料的，或者与招标人、投标人串通损害国家利益、社会公共利益或者他人合法权益的。

（3）招标人以不合理的条件限制或者排斥潜在投标人的，对潜在投标人实行歧视待遇的，强制要求投标人组成联合体共同投标的，或者限制投标人之间竞争的。

（4）依法必须进行招标的项目的招标人向他人透露已获取招标文件的潜在投标人的名称、数量或者可能影响公平竞争的有关招标投标的其他情况的，或者泄露标底的。

（5）投标人相互串通投标或者与招标人串通投标的，投标人以向招标人或者评标委员会成员行贿的手段谋取中标的。

（6）投标人以他人名义投标或者以其他方式弄虚作假，骗取中标的。

（7）依法必须进行招标的项目，招标人违反法律规定，与投标人就投标价

格、投标方案等实质性内容进行谈判的。

（8）评标委员会成员收受投标人的财物或者其他好处的，评标委员会成员或者参加评标的有关工作人员向他人透露对投标文件的评审和比较、中标候选人的推荐以及与评标有关的其他情况的。

（9）招标人在评标委员会依法推荐的中标候选人以外确定中标人的，依法必须进行招标的项目在所有投标被评标委员会否决后自行确定中标人的。

（10）中标人将中标项目转让给他人的，将中标项目肢解后分别转让给他人的，违反法律规定将中标项目的部分主体、关键性工作分包给他人的，或者分包人再次分包的。

（11）招标人与中标人不按照招标文件和中标人的投标文件订立合同的，或者招标人、中标人订立背离合同实质性内容的协议的。

（12）中标人不按照与招标人订立的合同履行义务，情节严重的。

（13）采购人、采购代理机构存在应当采用公开招标方式而擅自采用其他方式采购，擅自提高采购标准，以不合理的条件对供应商实行差别待遇或者歧视待遇，在招标采购过程中与投标人进行协商谈判，中标、成交通知书发出后不与中标、成交供应商签订采购合同，或者拒绝有关部门依法实施监督检查等情形的。

（14）采购人、采购代理机构及其工作人员存在与供应或者采购代理机构恶意串通，在采购过程中接受贿赂或者获取其他不正当利益，在有关部门依法实施的监督检查中提供虚假情况，或者开标前泄露标底等情形的。

（15）采购人对应当实行集中采购的政府采购项目，不委托集中采购机构实行集中采购的。

（16）采购人、采购代理机构违反法律规定隐匿、销毁应当保存的采购文件或者伪造、变造采购文件的。

（17）供应商存在提供虚假材料谋取中标、成交，采取不正当手段诋毁、排挤其他供应商，与采购人、其他供应商或者采购代理机构恶意串通，向采购人、采购代理机构行贿或者提供其他不正当利益，在招标采购过程中与采购人进行协商谈判，或拒绝有关部门监督检查或者提供虚假情况等情形的。

（18）疫苗生产企业向县级疾病预防控制机构以外的单位或者个人销售第二类疫苗的。

（19）存在其他违反公共资源交易法律法规行为的。本备忘录所指的公共资源交易领域失信企业及失信相关人具体包括存在严重违法失信行为的招标人、采购人、投标人、供应商、招标代理机构、采购代理机构、评标评审专家，以及其他参与公共资源交易的公民、法人或者其他组织。

五、国内贸易流通领域严重违法失信主体的联合惩戒对象

联合惩戒对象为批发零售、商贸物流、住宿餐饮及居民服务等国内贸易流通领域，违反相关法律、法规、规章和规范性文件，违背诚实信用原则，经有关主管部门确认存在严重违法失信行为的市场主体。该主体为企业的，联合惩戒对象为企业及其法定代表人、主要负责人和其他负有直接责任的人员；该主体为其他经济或行业组织的，联合惩戒对象为其他经济或行业组织及其主要负责人和其他负有直接责任的人员；该主体为自然人的，联合惩戒对象为本人。

六、商务主管部门对国内贸易流通领域严重违法失信主体的惩戒措施

商务主管部门采取的惩戒措施有：

（1）限制取得直销资格。

（2）扣减直至取消供应港澳鲜活冷冻商品配额。

（3）限制执行对外援助项目（含优惠贷款项目）。

七、对外经济合作领域严重失信惩戒对象

联合惩戒对象为被对外经济合作主管部门和地方列为对外经济合作领域严重失信行为的责任主体和相关责任人。对开展"一带一路"建设、国际产能合作、参与实施设施联通、贸易畅通、资金融通等合作的对外经济合作主体和相关责任人，如出现违反国内及合作国相关法律法规以及违反国际公约、联合国

决议，扰乱对外经济合作秩序且对实施"一带一路"建设造成严重不良影响，危害我国家声誉利益等情节特别严重影响极为恶劣的行为，相关主管部门将失信主体、责任人和失信行为记入信用记录，实施联合惩戒。

1. 对外投资失信主体

对外投资主体和相关责任人出现违反国内及合作国家和地区相关法律法规以及违反国际公约、联合国决议，未按相关规定履行报批手续，虚假投资、捏造伪造项目信息骗取国家主管部门核准或备案文件以及办理境外投资外汇登记等，骗取资金以及办理资金购汇及汇出，拒绝履行对外投资统计申报义务或不实申报或拒绝办理境外直接投资存量权益登记，违规将应调回的利润、撤资等资金滞留境外的，恶性竞争、扰乱对外经济合作秩序，且对外造成严重不良影响，危害我国家声誉利益等的行为，有关部门和地方对相关失信主体、责任人实施联合惩戒。

2. 建设和对外劳务合作失信主体

对外承包工程、对外劳务合作主体和相关责任人出现违反国内及合作国家和地区相关法律法规以及违反国际公约、联合国决议，未按相关规定取得许可、资质，虚假投标、围标串标，骗贷骗汇，工程质量、安全生产不符合相关标准，未及时足额缴存外派劳务备用金、违法违规外派和非法外派、侵害劳务人员合法权益，拒绝履行对外承包工程和对外劳务合作统计申报义务或不实申报，恶性竞争，扰乱对外经济合作秩序，且对外造成严重不良影响，危害我国家声誉利益等的行为，有关部门和地方对相关失信主体、责任人实施联合惩戒。

3. 对外金融合作失信主体

对外金融合作主体出现违反相关国内及合作国家和地区法律法规以及违反国际公约、联合国决议，利用夸大、捏造不实信息冲击人民币汇率以及违反国际收支统计申报义务或未按规定进行国际收支申报、情节严重的，非法跨境资本流动、洗钱、逃税、非法融资、非法证券期货行为，为暴力恐怖、分裂破坏、渗透颠覆活动融资，扰乱对外经济合作秩序，且对外造成严重不良影响，危害我国家声誉利益等的行为，有关部门和地方对相关失信主体、责任人实施联合惩戒。

4. 对外金融合作失信主体

对外贸易主体出现违反相关国内及合作国家和地区法律法规以及违反国际公约、联合国决议，销售假冒伪劣产品，通过虚假贸易，非法买卖外汇，骗贷骗赔骗税骗外汇，洗钱、套利、编造虚假业绩，或者因企业产品质量安全问题给社会及进出口贸易造成重大危害和损失，扰乱对外经济合作秩序，且对外造成严重不良影响，危害我国家声誉利益等的行为，有关部门和地方对相关失信主体、责任人实施联合惩戒。

第七节　电子商务领域

一、电子商务全流程信用建设方式

（1）建立实名登记和认证制度。电子商务平台要落实身份标识和用户实名登记制度，对开办网店的单位和个人核实身份，定期更新并依法报送相关行业主管、监管部门。以食品、药品、医疗器械、农产品、日用消费品等关系人民群众生命财产安全的产品为重点，严格依照法律法规规定办理工商登记和相关许可手续，并将营业执照或身份核验标识等信息向社会公开。建立产品许可官方网站信息链接。支持开展电子商务网站可信认证服务工作，推广应用网站可信标识，为电子商务用户识别假冒、钓鱼网站提供手段。

（2）完善网络交易信用评价体系。支持和鼓励电子商务平台结合自身特点，建立电子商务交易双方信用互评、信用积分制度，探索建立交易后评价或追加评价制度，将交易双方评价和服务承诺履约情况记入信用档案，并将评价结果和积分充分公开，供市场交易者参考。积极支持电子商务平台在对交易流程、流通环节进行实时动态监控的基础上，加强对失信行为的分类与甄别，并与第三方信用服务机构合作，防范信用炒作风险。支持开展第三方信用评价，建立对电子商务平台、入驻商家和上下游企业的综合信用评价机制。

（3）加强网络支付管理。加强电子商务平台与非银行支付机构的协调配合。充分发挥非银行支付机构在电子商务账款支付中的作用，防范网络欺诈等行为。进一步完善网络支付服务体系，推动网络支付业务规范化、标准化。

（4）建立寄递物流信用体系。完善商品寄递过程中的信息实时跟踪机制。加强对寄递物流企业及其从业人员的信用管理，探索建立监管部门、商户和消费者对寄递物流企业及其从业人员的信用评价机制。建立健全责任倒查和追究机制，对严重失信寄递物流企业限制入驻电子商务平台。

（5）强化消费者权益保障措施。支持和鼓励电子商务平台建立消费者权益保护基金，实施"先行赔付"制度。鼓励商户公开作出信用承诺，参加"规定期限内无条件退货"等活动。电子商务平台和有关市场监管部门建立健全消费者投诉举报制度，加强沟通衔接，及时处理回应消费者反映的问题。

二、"炒信"的概念

"炒信"是指在电子商务及分享经济领域以虚构交易、好评、删除不利评价等形式为自己或他人提升信用水平，包括但不限于因恶意注册、刷单炒信、虚假评价、刷单骗补以及泄露倒卖个人信息、合谋寄递空包裹等违法违规行为。

三、电子认证服务行业守信联合激励和失信联合惩戒的对象

守信联合激励的对象为工业和信息化部认定并公布的严格遵守《电子签名法》等法律法规、遵从认证业务规则、拥有良好的认证服务记录、具有较高信用评价等级，且在全国信用信息共享平台及国家企业信用信息公示系统无失信记录的电子认证服务机构。工业和信息化部推动建立电子认证服务机构信用评价机制及评价指南，组织第三方机构开展电子认证服务机构信用等级评价。

失信联合惩戒的对象为工业和信息化部认定并公布的存在严重失信行为的电子认证服务机构，未经许可从事电子认证服务的企事业单位或其他组织（以下简称失信机构）及其法定代表人、主要负责人和负有直接责任的有关人员（以下简称失信人员）。"严重失信行为"是指不遵守法律法规、未严格按照认证业务规则操作，并对消费者权益造成严重损害的行为。

四、工业和信息化部对电子认证服务行业采取的激励措施

（1）在电子认证服务许可证延续审查中，根据情况实施"容缺受理"、缩减审查事项等便利措施；在年度电子认证服务监督检查中可以免检一次。

（2）在工业和信息化部负责推进实施的两化融合、工控系统安全、网络安全、食品安全追溯等需要电子认证服务的重大项目中，同等条件下优先考虑。

（3）在工业和信息化部网站、"信用中国"网站等公布联合激励对象名单，将其纳入工业和信息化部主管的行业信用信息数据库，树立为诚信典型，向社会推介。

（4）工业和信息化部、地方工业和信息化主管部门在相关行政审批、项目申请、评选表彰等方面给予一定的便利和支持。

（5）支持地方工业和信息化主管部门在法律法规和自身职权范围内，采取更多的激励措施。

五、工业和信息化部对电子认证服务行业的惩戒措施

（1）在工业和信息化部网站公示联合惩戒对象名单及有关信息；对失信机构在一定期限内限制从事电子认证服务，对失信人员在一定期限内实施行业禁入。

（2）责令限期改正或停止失信行为，列为重点监管对象，加强日常监督检查频次，向社会公布检查结果。

（3）在增值电信业务经营许可等行政审批中，对失信机构从严审核。

六、电子商务及分享经济领域炒信行为相关失信主体联合惩戒措施

对参加联合行动的企业提供的"炒信"主体，根据"炒信"行为严重程度和社会影响，其他企业要依据在符合国家法律法规前提下与用户签订的协议以及各企业制定的规范，联合采取以下惩戒措施：

限制新设立账户

限制"炒信"主体新开设平台账户。

屏蔽或删除现有账户

根据"炒信"主体炒信行为严重程度，对其现有账户进行屏蔽、禁售或删除。
关闭或删除使用软件或程序方式大批量注册的账户，关闭或取消滥用权利而产生的订单。

限制发布商品及服务

已开设平台账户且未被关店或全网禁用的严重失信主体禁止或限制发布新品及服务。
涉嫌商品、服务从平台及其店铺强制性删除。

限制参加各类营销或促销活动

限制参加大型促销活动。限制策划和开展网店庆典及促销活动。

扣除信用积分

对非法刷单积累的信用积分进行扣除。

降低信用等级

降低账户等级或信用等级，并予以标识，记入其网站平台诚信档案。

**限制提供互联网
金融服务**

降低或取消授信额度、提高定价（利率）等方式限制提供互联网金融服务。

限制账户权限权利

限制账户享受平台优惠政策及服务，降低搜索排名。

**在搜索结果中标注
风险**

结合本单位相关产品和服务，在相关搜索结果对"炒信"主体进行标注，提醒消费者防范风险。

**限制严重失信寄递物流
企业入驻电子商务平台**

电子商务平台通过技术手段禁止卖家通过严重失信寄递物流企业寄递所出售商品。

**辞退并通报建议同业机构不予录
用严重失信寄递物流从业人员**

对合谋利用空包裹刷单炒信的寄递物流从业人员，相关寄递物流企业应及时辞退，并向同业其他企业进行通报。

查封或删除社交媒体账号

查封或删除严重失信主体组织或参与的刷单炒信社交媒体账号。

限制网络广告推广

限制严重失信主体通过互联网搜索等方式广告推广其商品和服务。

第八节　统计领域

一、统计上严重失信企业认定标准

统计上严重失信企业，是指在依法开展的政府统计调查中，有下列情形之一的企业：

（1）编造虚假统计数据。

（2）虚报、瞒报统计数据数额较大或者虚报率、瞒报率较高。

（3）有其他严重统计违法行为，应当受到行政处罚。

二、统计上严重失信企业发布方式

对依法认定的统计上严重失信企业，政府统计机构应当通过中国统计信息网，向社会公示失信企业信息。

公示的失信企业信息包括企业名称、地址、法定代表人或者主要负责人、统计违法行为、依法处理情况等。

三、统计上严重失信企业信息公示规定

失信企业信息公示期限为 1 年。在公示期间，企业认真整改到位，经企业申请，履行公示职责的政府统计机构核实后，可以从公示网站提前移除失信企业信息，但公示时间不得少于 6 个月。企业整改不到位，公示期限延长至 2 年。

在失信企业信息公示期间，政府统计机构应当重点检查企业遵守统计法情况，再次发现企业有统计违法行为的，公示期限延长至 2 年。

四、统计领域联合惩戒的对象

联合惩戒的对象为在依法开展的政府统计调查中，编造虚假统计数据、虚报（瞒报）统计数据额较大或者虚报率（瞒报率）较高，经统计部门根据《统计上严重失信企业信息公示暂行办法》（国家统计局公告 2014 年第 3 号）等有关法规规定，依法认定并通过国家统计局网站公示的统计上严重失信企业（简称失信企业）及其法定代表人、主要负责人和其他负有直接责任人员（简称失信人员）。

知识小测试

1. 涉电力领域市场主体"黑名单"的通用认定标准是什么？
2. 工商行政管理部门对经营异常名录企业的认定标准是什么？
3. 纳税人评定纳税信用等级的特殊规定有哪些？

诚信合作

　　一位顾客走进一家汽车维修店，自称是某运输公司的汽车司机。"在我的账单上多写点零件，我回公司报销后，有你一份好处。"他对店主说。但店主拒绝了这样的要求。顾客纠缠说："我的生意不算小，会常来的，你肯定能赚很多钱！"店主告诉他，这事无论如何也不会做。顾客气急败坏地嚷道："谁都会这么干的，我看你是太傻了。"店主火了，他要那个顾客马上离开，到别处谈这种生意去。

　　这时，顾客露出微笑并满怀敬佩地握住店主的手："我就是那家运输公司的老板，我一直在寻找一个固定的、信得过的维修店，你还让我到哪里去谈这笔生意呢？"

　　面对诱惑，不怦然心动，不为其所惑，虽平淡如行云，质朴如流水，却让人领略到一种山高海深。这是一种闪光的品格——诚信。

第一节　医疗领域

一、建立诚信医疗服务体系的内容

建立诚信医疗服务体系包括：培育诚信执业、诚信采购、诚信诊疗、诚信收费、诚信医保理念，坚持合理检查、合理用药、合理治疗、合理收费等诚信医疗服务准则，全面建立药品价格、医疗服务价格公示制度，开展诚信医院、诚信药店创建活动，制定医疗机构和执业医师、药师、护士等医务人员信用评价指标标准，推进医院评审评价和医师定期考核，开展医务人员医德综合评价，惩戒收受贿赂、过度诊疗等违法和失信行为。

二、严重危害正常医疗秩序的失信行为责任人实施联合惩戒的规定

联合惩戒对象是指因实施或参与涉医违法犯罪活动，被公安机关处以行政拘留以上处罚，或被司法机关追究刑事责任的严重危害正常医疗秩序的自然人。《关于对严重危害正常医疗秩序的失信行为责任人实施联合惩戒合作备忘录》所提及的严重危害正常医疗秩序的失信行为是指倒卖医院号源等破坏、扰乱医院正常诊疗秩序的涉医违法犯罪活动，以及 2014 年 4 月 28 日最高人民法院、最高人民检察院、公安部、原国家卫生计生委联合印发的《关于依法惩处涉医违法犯罪维护正常医疗秩序的意见》中所列举的 6 类涉医违法犯罪活动。这 6 类涉医违法犯罪活动主要包括以下情形：

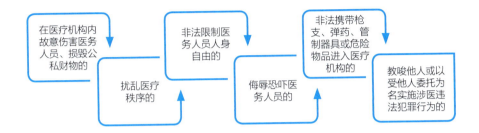

三、严重危害正常医疗秩序的失信行为责任人的惩戒措施

（1）公安部向卫生健康委提供严重危害正常医疗秩序的失信行为人名单信息。卫生健康委通过全国信用信息共享平台向参与联合惩戒的部门提供该名单信息。相关部门收到相关名单后根据本备忘录约定的内容对其实施惩戒。

（2）建立惩戒效果定期通报机制，相关部门定期将联合惩戒措施的实施情况通过全国信用信息共享平台反馈至国家发展改革委和卫生健康委。

（3）涉及地方事权的，由地方公安机关定期向当地卫生健康行政部门提供严重危害正常医疗秩序的失信行为人名单信息。地方卫生健康行政部门将公安机关提供的严重危害正常医疗秩序的失信行为人名单推送至其他部门，由其他部门按照本备忘录采取惩戒措施。

（4）建立联合惩戒退出机制。联合惩戒的实施期限自行为人被治安或刑事处罚结束之日起计算，满五年为止。期间再次发生严重危害正常医疗秩序的失信行为的，惩戒期限累加计算。惩戒实施期限届满即退出联合惩戒。

第二节　社会保障领域

一、社会保险领域严重失信"黑名单"的定义

社会保险领域严重失信"黑名单"是指违反社会保险相关法律、法规和规章的用人单位、社会保险服务机构及其有关人员、各类参保及待遇领取人员严重失信记录信息。

二、社保"黑名单"的认定标准

有下列情形之一的单位或个人，县级及以上社会保险经办机构（以下简称经办机构）应将其列入社保"黑名单"：

（1）用人单位未按相关规定参加社会保险且拒不整改的。

（2）以欺诈、伪造证明材料或者其他手段参加、申报社会保险和骗取社会保险待遇或社会保险基金支出的。

（3）非法获取、出售或变相交易社会保险个人权益数据的。

（4）社会保险服务机构违反服务协议或相关规定且拒不整改的。

（5）负有偿还义务的用人单位及其法人代表或第三人，拒不偿还社会保险基金已先行支付工伤保险待遇的。

（6）法律、行政法规规定的其他情形。

三、社保"黑名单"的惩戒措施

各级社会保险经办机构应当按照有关规定，将社保"黑名单"信息纳入当地和全国信用信息共享平台，由相关部门在各自职责范围内依据《备忘录》规

定，在政府采购、交通出行、招投标、生产许可、资质审核、融资贷款、市场准入、税收优惠、评优评先等方面予以限制。

四、社保"黑名单"的企业和个人联合惩戒期限的规定

社保"黑名单"实行动态管理，纳入联合惩戒期限一般不超过 5 年。法律法规另有规定的，从其规定。

相关失信主体首次被列入社保"黑名单"的，期限为 1 年；相关失信主体未改正失信行为或者列入期间再次发生违规情形的，期满不予移出并自动续期 2 年；已移出社保"黑名单"的失信主体再次发生违规情形的，列入社保"黑名单"期限为 2 年。

第三节　劳动用工领域

一、拖欠农民工工资"黑名单"的定义

拖欠农民工工资"黑名单"（以下简称拖欠工资"黑名单"），是指违反国家工资支付法律法规规章规定，存在相关拖欠工资情形的用人单位及其法定代表人、其他责任人。

二、拖欠工资"黑名单"的认定标准

用人单位存在下列情形之一的，人力资源社会保障行政部门应当自查处违法行为并作出行政处理或处罚决定之日起 20 个工作日内，按照管辖权限将其列入拖欠工资"黑名单"。

（1）克扣、无故拖欠农民工工资报酬，数额达到认定拒不支付劳动报酬罪

数额标准的。

（2）因拖欠农民工工资违法行为引发群体性事件、极端事件造成严重不良社会影响的。将劳务违法分包、转包给不具备用工主体资格的组织和个人造成拖欠农民工工资且符合前款规定情形的，应将违法分包、转包单位及不具备用工主体资格的组织和个人一并列入拖欠工资"黑名单"。

案例

　　某年某月某日，有 31 名劳动者到市人社局劳动保障监察大队投诉，称被某某公司拖欠 10 月的工资。经市人社局劳动保障监察大队立案调查，该公司因股东内部经济纠纷，导致员工工资未能正常发放，确实存在拖欠工资的行为。经责令限期支付工资，公司仍不支付，市人社局劳动保障监察大队将该案以涉嫌拒不支付劳动报酬罪移交公安机关立案处理。

　　为进一步惩治严重拖欠农民工工资的违法行为，加强对拖欠工资严重违法失信用人单位的惩戒，某年某月，某市人社局按照《拖欠农民工工资"黑名单"管理暂行办法》规定，决定将这家公司列入拖欠农民工工资"黑名单"。

三、拖欠工资"黑名单"的惩戒措施

　　人力资源社会保障行政部门应当按照有关规定，将拖欠工资"黑名单"信息纳入当地和全国信用信息共享平台，由相关部门在各自职责范围内依法依规实施联合惩戒，在政府资金支持、政府采购、招投标、生产许可、资质审核、融资贷款、市场准入、税收优惠、评优评先等方面予以限制。

四、拖欠工资"黑名单"的用人单位联合惩戒期限的规定

拖欠工资"黑名单"实行动态管理。用人单位首次被列入拖欠工资"黑名单"的期限为 1 年，自作出列入决定之日起计算。列入拖欠工资"黑名单"的用人单位改正违法行为且自列入之日起 1 年内未再发生违规情形的，由作出列入决定的人力资源社会保障行政部门于期满后 20 个工作日内决定将其移出拖欠工资"黑名单"；用人单位未改正违法行为或者列入期间再次发生违规情形的，期满不予移出并自动续期 2 年。已移出拖欠工资"黑名单"的用人单位再次发生违规情形，再次列入拖欠工资"黑名单"，期限为 2 年。

第四节 企业劳动保障

一、企业劳动保障守法诚信等级评价的定义

企业劳动保障守法诚信等级评价是根据企业遵守劳动保障法律、法规和规章的情况，对企业进行劳动保障守法诚信等级评价的行为。

二、企业劳动保障守法诚信等级评价依据

人力资源社会保障行政部门根据下列情况对企业劳动保障守法诚信等级进行评价：

（1）制定内部劳动保障规章制度的情况。

（2）与劳动者订立劳动合同的情况。

（3）遵守劳务派遣规定的情况。

（4）遵守禁止使用童工规定的情况。

（5）遵守女职工和未成年工特殊劳动保护规定的情况。

（6）遵守工作时间和休息休假规定的情况。

（7）支付劳动者工资和执行最低工资标准的情况。

（8）参加各项社会保险和缴纳社会保险费的情况。

（9）其他遵守劳动保障法律、法规和规章的情况。

三、企业劳动保障守法诚信等级划分

A 级

　　企业遵守劳动保障法律、法规和规章，未因劳动保障违法行为被查处的。

B 级

　　企业因劳动保障违法行为被查处，但不属于 C 级所列情形的。

C 级

　　企业存在下列情形之一的：

　　① 因劳动保障违法行为被查处三次以上（含三次）的；

　　② 因劳动保障违法行为引发群体性事件、极端事件或造成严重不良社会影响的；

　　③ 因使用童工、强迫劳动等严重劳动保障违法行为被查处的；

　　④ 拒不履行劳动保障监察限期整改指令、行政处理决定或者行政处罚决定的；

　　⑤ 无理抗拒、阻挠人力资源社会保障行政部门实施劳动保障监察的；

　　⑥ 因劳动保障违法行为被追究刑事责任的。

四、人力资源社会保障行政部门对企业劳动保障守法诚信监管方式

人力资源社会保障行政部门根据企业劳动保障守法诚信等级评价情况，对劳动保障监察管辖范围内的企业实行分类监管。

对于被评为 A 级的企业，适当减少劳动保障监察日常巡视检查频次。对于被评为 B 级的企业，适当增加劳动保障监察日常巡视检查频次。对于被评为 C 级的企业，列入劳动保障监察重点对象，强化劳动保障监察日常巡视检查。

第五节　科研领域

一、加强科研领域诚信建设的主要目标

加强科研领域诚信建设的主要目标：在各方共同努力下，科学规范、激励有效、惩处有力的科研诚信制度规则健全完备，职责清晰、协调有序、监管到位的科研诚信工作机制有效运行，覆盖全面、共享联动、动态管理的科研诚信信息系统建立完善，广大科研人员的诚信意识显著增强，弘扬科学精神、恪守诚信规范成为科技界的共同理念和自觉行动，全社会的诚信基础和创新生态持续巩固发展，为建设创新型国家和世界科技强国奠定坚实基础，为把我国建成富强民主文明和谐美丽的社会主义现代化强国提供重要支撑。

二、从事科研活动及参与科技管理服务的各类机构履行科研诚信建设的责任

从事科研活动及参与科技管理服务的各类机构要切实履行科研诚信建设的主体责任。从事科研活动的各类企业、事业单位、社会组织等是科研诚信建设

第一责任主体，要对加强科研诚信建设作出具体安排，将科研诚信工作纳入常态化管理。通过单位章程、员工行为规范、岗位说明书等内部规章制度及聘用合同，对本单位员工遵守科研诚信要求及责任追究作出明确规定或约定。

科研机构、高等学校要通过单位章程或制定学术委员会章程，对学术委员会科研诚信工作任务、职责权限作出明确规定，并在工作经费、办事机构、专职人员等方面提供必要保障。学术委员会要认真履行科研诚信建设职责，切实发挥审议、评定、受理、调查、监督、咨询等作用，对违背科研诚信要求的行为，发现一起，查处一起。学术委员会要组织开展或委托基层学术组织、第三方机构对本单位科研人员的重要学术论文等科研成果进行全覆盖核查，核查工作应以 3~5 年为周期持续开展。

科技计划（专项、基金等）项目管理专业机构要严格按照科研诚信要求，加强立项评审、项目管理、验收评估等科技计划全过程和项目承担单位、评审专家等科技计划各类主体的科研诚信管理，对违背科研诚信要求的行为要严肃查处。

从事科技评估、科技咨询、科技成果转化、科技企业孵化和科研经费审计等的科技中介服务机构要严格遵守行业规范，强化诚信管理，自觉接受监督。

三、加强科研活动全流程诚信的管理

四、科研领域相关失信联合惩戒的对象

联合惩戒对象为在科研领域存在严重失信行为，列入科研诚信严重失信行为记录名单的相关责任主体，包括科技计划（专项、基金等）及项目的：承担人员、评估人员、评审专家、科研服务人员、科学技术奖候选人、获奖人、提名人等自然人；项目承担单位、项目管理专业机构、中介服务机构、科学技术奖提名单位、全国学会等法人机构。

五、科研诚信建设联席会议成员单位的惩戒措施

（1）限制或取消一定期限申报或承担国家科技计划（专项、基金等）的资格。

（2）依法撤销国家科学技术奖奖励，追回奖金、证书。

（3）暂停或取消国家科学技术奖提名人资格。

（4）一定期限内或终身取消国家科学技术奖被提名资格。

（5）作为高新技术企业认定管理工作监督检查和备案等相关工作的重点监管对象。

（6）撤销其行为发生年科技型中小企业入库登记编号，并在服务平台上公告。

（7）在科技计划（专项、基金等）项目立项、评审专家遴选、职称评定、职务晋升、项目管理专业机构选定、科技奖励评审、间接费用核定、结余资金留用及创新基地与人才遴选、考核评估等工作中，将失信信息作为重要参考依据。

（8）列为重点监管对象，增加在国家科技计划（专项、基金等）实施中的监督检查频次。

（9）撤销学会领导职务，取消会员资格。

第六节　知识产权领域

一、知识产权（专利）领域严重失信联合惩戒的对象

联合惩戒对象为知识产权（专利）领域严重失信行为的主体实施者。该主体实施者为法人的，联合惩戒对象为该法人及其法定代表人、主要负责人、直接责任人员和实际控制人；该主体实施者为非法人组织的，联合惩戒对象为非法人组织及其负责人；该主体实施者为自然人的，联合惩戒对象为本人。

二、知识产权（专利）领域严重失信行为的内容

（1）重复专利侵权行为。各地方知识产权局经调解或作出行政决定，认定存在专利侵权行为后，侵权方再次侵犯同一专利权的，视为侵权方存在重复专利侵权行为。

（2）不依法执行行为。拒不执行已生效的针对专利侵权假冒行为的行政处理决定或行政处罚决定的行为，以及阻碍地方知识产权局依法开展调查、取证的行为视为不依法执行行为。

（3）专利代理严重违法行为。专利代理机构被列入国家知识产权局确定的经营异常名录后，自列入之日起满 3 年后仍不符合相关规定的，视为存在专利代理严重违法行为。

（4）专利代理人资格证书挂靠行为。变造、倒卖、出租、出借专利代理人资格证书的，或者以其他形式转让资格证书、注册证、执业印章的。

（5）非正常申请专利行为。被国家知识产权局认定为属于《关于规范专利申请行为的若干规定》（国家知识产权局令 2017 年第 75 号）所称的非正常申请专利的行为。

（6）提供虚假文件行为。权利人在申请专利或办理相关事务过程中提供虚假材料或者虚假证明文件的，视为提供虚假文件行为。

三、知识产权（专利）领域严重失信联合惩戒的实施方式

国家知识产权局通过全国信用信息共享平台，依法依规定期向签署本备忘录的其他部门和单位提供知识产权（专利）领域严重失信主体名单，并在"信用中国"网站、国家企业信用信息公示系统、国家知识产权局政府网站等向社会公布。其他部门和单位按照本备忘录规定实施联合惩戒措施，各单位和部门按照实际情况定期将执行情况通过全国信用信息共享平台反馈给国家发展改革委和国家知识产权局。

对于从知识产权（专利）领域严重失信主体名单中撤销的单位或个人，相关部门应及时停止实施联合惩戒措施。

四、国家知识产权局对知识产权（专利）领域严重失信责任主体的惩戒措施

（1）加大监管力度，依法从重处罚违法行为。

（2）取消进入各知识产权保护中心和快速维权中心的专利快速授权确权、快速维权通道资格。

（3）取消申报国家知识产权示范和优势企业资格。

（4）在进行专利申请时，不予享受专利费用减缴、优先审查等优惠措施。

（5）取消申报国家专利运营试点企业资格。

第七节　环境保护领域

一、企业环境信用记录的内容

基础类信用信息主要包括：

在有条件的地区，环保部门也可以将下列信息纳入基础类信用信息：

不良类信用信息主要包括:

在有条件的地区,环保部门也可以将下列信息纳入不良类信用信息:

二、企业环境信用信息公开方式和公开内容

环保部门将企业环境信用信息,通过其政府网站、"信用中国"网站或者其他便利公众知悉和查询的方式,向社会公开,并同时纳入企业环境信用信息系统和全国统一的信用信息共享交换平台。

重点排污单位向社会公开其基础信息、主要污染物及特征污染物排放情况等排污信息、按照环境影响评价报告书(表)及其批复要求开展周边环境质量监测信息、防治污染设施的建设和运行情况、环保行政许可信息、突发环境事件应急预案等信息。机动车生产、进口企业应当向社会公布其生产、进口机动车车型的排放检验信息、污染控制技术信息和有关维修技术信息。

三、环境保护领域失信联合惩戒的对象

联合惩戒对象为在环境保护领域存在严重失信行为的生产经营单位及其法定代表人、主要负责人和负有直接责任的有关人员。

四、环境保护领域严重失信惩戒的方式

生态环境部通过全国信用信息共享平台向签署《关于对环境保护领域失信生产经营单位及其有关人员开展联合惩戒的合作备忘录》的各有关部门提供环境保护领域失信生产经营单位及其有关人员相关信息，并按照有关规定动态更新。同时依法在环境保护部网站、"信用中国"网站、国家企业信用信息公示系统等向社会公布。

各部门按照《关于对环境保护领域失信生产经营单位及其有关人员开展联合惩戒的合作备忘录》约定内容，依法依规对环境保护领域失信生产经营单位及其有关人员实施联合惩戒。同时，建立惩戒效果定期通报机制，各部门定期将联合惩戒实施情况通过全国信用信息共享平台反馈给国家发展改革委和环境保护部。

第八节　能源领域

一、能源行业信用体系建设的总体目标

围绕能源领域"四个革命、一个合作"的战略布局，按照"政府主导、行业共建，统筹推进、分步实施，结合实际、强化应用，公正透明、准确规范"的原则，实施能源行业信用体系建设。

到 2020 年，信用制度和标准体系基本健全，全国统一的能源行业信用信息共享交换平台和"信用能源"网站建设完成并良好运行，市场主体信用记录覆盖率达到 95% 以上，信用评价工作有序开展，信用信息和信用产品得到广泛应用，以信用为核心的市场监管机制全面发挥作用，社会力量积极参与形成合力，信用专业人才队伍基本形成，全行业诚信意识和信用水平普遍增强。能源行业重点领域信用建设取得显著成效，行业发展信用环境明显改善，建成满足能源行业发展要求的信用体系，以信用建设促进行业整体发展。

二、能源行业市场主体的定义

根据《能源行业市场主体信用信息归集和使用管理办法》（国能资质〔2016〕388 号），能源行业市场主体，是指从事煤炭、石油、天然气、电力、新能源和可再生能源等能源的生产、输送、供应、服务、建设等相关活动的法人和其他组织，以及其法定代表人、生产运行负责人、技术负责人、安全负责人和财务负责人等相关执（从）业人员。

三、能源行业信用体系建设的重点领域和市场主体

能源行业信用体系建设以安全生产领域、工程建设领域、节能环保领域、交易领域、统计领域、企业管理领域为重点领域。

涉及的市场主体包括从事电力、煤炭、石油、天然气、新能源、可再生能源。

能源的生产、供应、建设等相关活动的法人和其他组织，以及其法定代表人、生产运行负责人、技术负责人、安全负责人和财务负责人等相关执（从）业人员等。

四、能源行业市场主体信用行为的定义和分类

定义

根据《信用基本术语》（GB/T 22117—2008），信用行为是指信用主体在经济和社会活动中影响其信用的各种行为。能源行业市场主体信用行为，是指能

源行业市场主体在经济社会活动中产生的、经国家能源局及其派出能源监管机构依法给予行政处罚或行政奖励的行为。

分类

惩戒行为分类

① 轻微失信行为：失信情节较轻、失信主观意愿不强、被处以较轻行政处罚的。

② 较重失信行为：失信情节较重、拒不整改、失信主观意愿较强、被处以较重行政处罚的。

③ 严重失信行为：失信情节严重、失信主观意愿很强、为牟取不正当利益或逃脱责任、在发生重大安全事故中负有直接责任、被处以严重行政处罚的。

激励行为分类

激励行为分类主要分为国家级表彰奖励、省部级表彰奖励和地市级及以下表彰奖励，由国家能源局及其派出能源监管机构根据相关表彰奖励的授予单位予以认定。

第九节　社会组织

一、社会组织信用信息的内容

社会组织信用信息包括以下内容：

基础信息

基础信息是指反映社会组织登记、核准和备案等事项的信息。

年报信息

年报信息是指社会组织依法履行年度工作报告义务并向社会公开的信息。

行政检查信息

行政检查信息是指登记管理机关及政府有关部门对社会组织开展监督检查形成的结论性信息。

行政处罚信息

行政处罚信息是指社会组织受到的行政处罚种类、处罚结果、违法事实、处罚依据、处罚时间、做出行政处罚的部门等信息。

其他信息

其他信息是指社会组织评估等级及有效期限、获得的政府有关部门的表彰奖励、承接政府购买服务或者委托事项、公开募捐资格、公益性捐赠税前扣除资格等与社会组织信用有关的信息。

二、社会组织被登记管理机关列入活动异常名录的规定

登记管理机关应当将有下列情形之一的社会组织列入活动异常名录：

（1）未按照规定时限和要求向登记管理机关报送年度工作报告的。

（2）未按照有关规定设立党组织的。

（3）登记管理机关在抽查和其他监督检查中发现问题，发放整改文书要求限期整改，社会组织未按期完成整改的。

（4）具有公开募捐资格的慈善组织，存在《慈善组织公开募捐管理办法》第二十一条规定情形的。

（5）受到警告或者不满 5 万元罚款处罚的。

（6）通过登记的住所无法与社会组织取得联系的。

（7）法律、行政法规规定应当列入的其他情形。

三、社会组织被登记管理机关列入严重违法失信名单的规定

登记管理机关应当将有下列情形之一的社会组织列入严重违法失信名单：

（1）被列入活动异常名录满 2 年的。

（2）弄虚作假办理变更登记，被撤销变更登记的。

（3）受到限期停止活动行政处罚的。

（4）受到 5 万元以上罚款处罚的。

（5）三年内两次以上受到警告或者不满 5 万元罚款处罚的。

（6）被司法机关纳入"失信被执行人"名单的。

（7）被登记管理机关作出吊销登记证书、撤销成（设）立登记决定的。

（8）法律、行政法规规定应当列入的其他情形。

四、社会组织的激励惩戒措施

1. 信用良好的社会组织的激励措施

对信用良好的社会组织，登记管理机关可以采取或者建议有关部门依法采取下列激励措施：

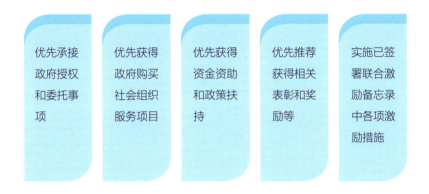

优先承接政府授权和委托事项

优先获得政府购买社会组织服务项目

优先获得资金资助和政策扶持

优先推荐获得相关表彰和奖励等

实施已签署联合激励备忘录中各项激励措施

2. 严重违法失信名单的社会组织的惩戒措施

对被列入严重违法失信名单的社会组织，登记管理机关可以采取或者建议有关部门依法采取下列惩戒措施：

（1）列入重点监督管理对象。

（2）不给予资金资助。

（3）不向该社会组织购买服务。

（4）不授予相关荣誉称号。

（5）作为取消或者降低社会组织评估等级的重要参考。

（6）实施已签署联合惩戒备忘录中各项惩戒措施。

五、法人和其他组织统一社会信用代码的构成

从唯一、统一、共享、便民和低成本转换等角度综合考虑，统一代码设计为 18 位，由登记管理部门代码、机构类别代码、登记管理机关行政区划码、

主体标识码（组织机构代码）、校验码五个部分组成。为便于行业管理和社会识别，统一代码的第一、二、三部分体现了登记管理部门、机构类别和登记管理机关行政区划，兼容了当前各登记管理部门行之有效的有含义代码功能。为保证唯一性和稳定性，第四部分设计为主体标识码（组织机构代码），充分体现了以组织机构代码为基础建立法人和其他组织统一社会信用代码制度的要求。为防止出现错误，第五部分设计为校验码。

第十节　个人方面

一、加强个人诚信教育方面

（1）大力弘扬诚信文化。
（2）广泛开展诚信宣传。
（3）积极推介诚信典型。
（4）全面加强校园诚信教育。
（5）广泛开展信用教育培训。

二、个人诚信记录的重点领域和主要对象

个人诚信记录重点领域以食品药品、安全生产、消防安全、交通安全、环境保护、生物安全、产品质量、税收缴纳、医疗卫生、劳动保障、工程建设、金融服务、知识产权、司法诉讼、电子商务、志愿服务等领域为重点，以公务员、企业法定代表人及相关责任人、律师、教师、医师、执业药师、评估师、税务师、注册消防工程师、会计审计人员、房地产中介从业人员、认证人员、金融从业人员、导游等职业人群为主要对象。

三、保持良好的个人信用记录的注意事项

在日常生活中，以下情况容易出现负面记录，应尽量避免以下情况：

（1）信用卡透支消费没有按时还款而产生逾期记录。

（2）按揭贷款没有按期还款而产生逾期记录。

（3）按揭贷款、消费贷款等贷款的利率上调后，仍按原金额支付"月供"而产生的逾期记录。

（4）为第三方提供担保时，第三方没有按时偿还贷款而形成的逾期记录。

此外，客户在发生信用交易后，应随时留意还款日期，加强与金融机构信贷员等有关业务人员的联系，按时归还贷款本息或信用卡透支额。同时，在信用卡等停用时，应及时到相关部门办理停用或注销手续。

四、自然人被列入失信被执行人的任职资格限制

失信被执行人为个人的，限制其担任国企、金融机构的董事、监事、高级管理人员，限制其登记为事业单位、社会组织法定代表人，限制招录（聘）失信被执行人为公务员或事业单位工作人员，限制申请加入中国共产党、预备党员转为正式党员，不作为组织推荐的各级党代会代表、各级人大代表和政协委员候选人，将失信状况作为公务员、事业单位人员、党员、现役和预备役军官的评先、评优、晋职晋级的重要参考。

知识小测试

1. 社保"黑名单"的认定标准是什么？

2. 保持良好的个人信用记录，有哪些注意事项？

3. 国家知识产权局对知识产权（专利）领域严重失信责任主体的惩戒措施有哪些？

第四章

法院公信建设知识

季布"一诺千金"

秦末有个叫季布的人，一向说话算数，信誉非常高，许多人都同他建立起了浓厚的友情。当时甚至流传着这样的谚语："得黄金百斤，不如得季布一诺。"（这就是成语"一诺千斤"的由来）后来，他得罪了汉高祖刘邦，被悬赏捉拿。结果他的旧日的朋友不仅不被重金所惑，而且冒着灭九族的危险来保护他，终使他免遭祸殃。一个人诚实有信，自然得道多助，能获得大家的尊重和友谊。反过来，如果贪图一时的安逸或小便宜，而失信于朋友，表面上是得到了"实惠"。但为了这点实惠他毁了自己的声誉而声誉相比于物质是重要得多的。所以，失信于朋友，无异于失去了西瓜捡芝麻，是得不偿失的。

一、失信被执行人的认定标准

被执行人未履行生效法律文书确定的义务，并具有下列情形之一的，人民法院应当将其纳入失信被执行人名单，依法对其进行信用惩戒：

（1）有履行能力而拒不履行生效法律文书确定义务的。

（2）以伪造证据、暴力、威胁等方法妨碍、抗拒执行的。

（3）以虚假诉讼、虚假仲裁或者以隐匿、转移财产等方法规避执行的。

（4）违反财产报告制度的。

（5）违反限制消费令的。

（6）无正当理由拒不履行执行和解协议的。

案例

某年某月，某省人民法院对某商业银行股份有限公司（以下简称某农商行）诉叶某金融借款合同纠纷案作出判决，判令叶某偿还某农商行贷款及相应利息共计20万元。判决生效后，叶某仍不履行义务。某农商行遂于某年某月某日向某法院申请强制执行。某法院受理执行申请后，依法向叶某送达了执行通知书、报告财产令，并通过网络全方位查控其名下的财产。但叶某在接到法院的法律文书后既未按执行通知履行义务，也未报告财产情况。经调查，叶某经营一家典当行，家庭富裕，完全有履行能力，但其早出晚归，刻意躲避执行。

被执行人叶某有履行能力而拒不履行生效法律文书确定的义务，隐匿财产，逃避执行。该被执行人抗拒执行的主观故意明显，情节严重，依法应予惩戒。

二、记载和公布的失信被执行人信息

（1）作为被执行人的法人或者其他组织的名称、统一社会信用代码（或组织机构代码）、法定代表人或者负责人姓名。

（2）作为被执行人的自然人的姓名、性别、年龄、身份证号码。

（3）生效法律文书确定的义务和被执行人的履行情况。

（4）被执行人失信行为的具体情形。

（5）执行依据的制作单位和文号、执行案号、立案时间、执行法院。

（6）人民法院认为应当记载和公布的不涉及国家秘密、商业秘密、个人隐私的其他事项。

三、失信被执行人名单的发布方式

各级人民法院应当将失信被执行人名单信息录入最高人民法院失信被执行人名单库，并通过该名单库统一向社会公布。各级人民法院可以根据各地实际情况，将失信被执行人名单通过报纸、广播、电视、网络、法院公告栏等其他方式予以公布，并可以采取新闻发布会或者其他方式对本院及辖区法院实施失信被执行人名单制度的情况定期向社会公布。

四、失信被执行人的查询方法

我们只需要打开任意一个搜索引擎，在搜索栏输入"全国法院失信被执行人名单信息公布与查询"或"失信被执行人查询"等关键词。

在浏览器搜索结果中，选择"中国执行信息公开网"点击进入。

在"中国执行信息公开网"的网站首页，有非常显眼的"综合查询被执行人"的按钮，点击进入。

输入想查询的人名，以及身份证号码或者组织机构代码，输入验证码后点击"查询"按钮就会显示结果。

如果所查询的人是失信被执行人，查询页面下方就会出现他的相关信息。如果不是的话，页面就会是空白的，并不会提示"搜索无结果"等字样。

五、失信被执行人的信用惩戒措施

人民法院应当将失信被执行人名单信息，向政府相关部门、金融监管机构、金融机构、承担行政职能的事业单位、行业协会等通报，供相关单位依照法律、法规和有关规定，在政府采购、招标投标、行政审批、政府扶持、融资信贷、市场准入、资质认定等方面，对失信被执行人予以信用惩戒。

六、失信被执行人的退出条件

（1）被执行人已履行生效法律文书确定的义务或人民法院已执行完毕的。

（2）当事人达成执行和解协议且已履行完毕的。

（3）申请执行人书面申请删除失信信息，人民法院审查同意的。

（4）终结本次执行程序后，通过网络执行查控系统查询被执行人财产两次以上，未发现有可供执行财产，且申请执行人或者其他人未提供有效财产线索的。

（5）因审判监督或破产程序，人民法院依法裁定对失信被执行人中止执行的。

（6）人民法院依法裁定不予执行的。

（7）人民法院依法裁定终结执行的。

知识小测试

1. 失信被执行人的认定标准是什么？

2. 失信被执行人的信用惩戒措施有哪些？

3. 失信被执行人的退出条件是什么？

附录

社会信用体系建设规划纲要（2014—2020年）

社会信用体系是社会主义市场经济体制和社会治理体制的重要组成部分。它以法律、法规、标准和契约为依据，以健全覆盖社会成员的信用记录和信用基础设施网络为基础，以信用信息合规应用和信用服务体系为支撑，以树立诚信文化理念、弘扬诚信传统美德为内在要求，以守信激励和失信约束为奖惩机制，目的是提高全社会的诚信意识和信用水平。

加快社会信用体系建设是全面落实科学发展观、构建社会主义和谐社会的重要基础，是完善社会主义市场经济体制、加强和创新社会治理的重要手段，对增强社会成员诚信意识，营造优良信用环境，提升国家整体竞争力，促进社会发展与文明进步具有重要意义。

根据党的十八大提出的"加强政务诚信、商务诚信、社会诚信和司法公信建设"，党的十八届三中全会提出的"建立健全社会征信体系，褒扬诚信，惩戒失信"，《中共中央国务院关于加强和创新社会管理的意见》提出的"建立健全社会诚信制度"，以及《中华人民共和国国民经济和社会发展第十二个五年规划纲要》（以下简称"十二五"规划纲要）提出的"加快社会信用体系建设"的总体要求，制定本规划纲要。规划期为2014—2020年。

一、社会信用体系建设总体思路

（一）发展现状

党中央、国务院高度重视社会信用体系建设。有关地区、部门和单位探索推进，社会信用体系建设取得积极进展。国务院建立社会信用体系建设部际联席会议制度统筹推进信用体系建设，公布实施《征信业管理条例》，一批信用体系建设的规章和标准相继出台。全国集中统一的金融信用信息基础数据库建成，小微企业和农村信用体系建设积极推进；各部门推动信用信息公开，开展行业信用评价，实施信用分类监管；各行业积极开展诚信宣传教育和诚信自律活动；各地区探索建立综合性信用信息共享平台，促进本地区各部门、各单位的信用信息整合应用；社会对信用服务产品的需求日益上升，信用服务市场规模不断扩大。

我国社会信用体系建设虽然取得一定进展，但与经济发展水平和社会发展阶段不匹配、不协调、不适应的矛盾仍然突出。存在的主要问题包括：覆盖全社会的征信系统尚未形成，社会成员信用记录严重缺失，守信激励和失信惩戒机制尚不健全，守信激励不足，失信成本偏低；信用服务市场不发达，服务体系不成熟，服务行为不规范，服务机构公信力不足，信用信息主体权益保护机制缺失；社会诚信意识和信用水平偏低，履约践诺、诚实守信的社会氛围尚未形成，重特大生产安全事故、食品药品安全事件时有发生，商业欺诈、制假售假、偷逃骗税、虚报冒领、学术不端等现象屡禁不止，政务诚信度、司法公信度离人民群众的期待还有一定差距等。

（二）形势和要求

我国正处于深化经济体制改革和完善社会主义市场经济体制的攻坚期。现代市场经济是信用经济，建立健全社会信用体系，是整顿和规范市场经济秩序、改善市场信用环境、降低交易成本、防范经济风险的重要举措，是减少政府对经济的行政干预、完善社会主义市场经济体制的迫切要求。

我国正处于加快转变发展方式、实现科学发展的战略机遇期。加快推进社会信用体系建设，是促进资源优化配置、扩大内需、促进产业结构优化升级的重要前提，是完善科学发展机制的迫切要求。

我国正处于经济社会转型的关键期。利益主体更加多元化，各种社会矛盾凸显，社会组织形式及管理方式也在发生深刻变化。全面推进社会信用体系建设，是增强社会诚信、促进社会互信、减少社会矛盾的有效手段，是加强和创新社会治理、构建社会主义和谐社会的迫切要求。

我国正处于在更大范围、更宽领域、更深层次上提高开放型经济水平的拓展期。经济全球化使我国对外开放程度不断提高，与其他国家和地区的经济社会交流更加密切。完善社会信用体系，是深化国际合作与交往，树立国际品牌和声誉，降低对外交易成本，提升国家软实力和国际影响力的必要条件，是推动建立客观、公正、合理、平衡的国际信用评级体系，适应全球化新形势，驾驭全球化新格局的迫切要求。

（三）指导思想和目标原则

全面推动社会信用体系建设，必须坚持以邓小平理论、"三个代表"重要思想、科学发展观为指导，按照党的十八大、十八届三中全会和"十二五"规划纲要精神，以健全信用法律法规和标准体系、形成覆盖全社会的征信系统为基础，以推进政务诚信、商务诚信、社会诚信和司法公信建设为主要内容，以推进诚信文化建设、建立守信激励和失信惩戒机制为重点，以推进行业信用建设、地方信用建设和信用服务市场发展为支撑，以提高全社会诚信意识和信用水平、改善经济社会运行环境为目的，以人为本，在全社会广泛形成守信光荣、失信可耻的浓厚氛围，使诚实守信成为全民的自觉行为规范。

社会信用体系建设的主要目标是：到 2020 年，社会信用基础性法律法规和标准体系基本建立，以信用信息资源共享为基础的覆盖全社会的征信系统基本建成，信用监管体制基本健全，信用服务市场体系比较完善，守信激励和失信惩戒机制全面发挥作用。政务诚信、商务诚信、社会诚信和司法公信建设取得明显进展，市场和社会满意度大幅提高。全社会诚信意识普遍增强，经济社会发展信用环境明显改善，经济社会秩序显著好转。

社会信用体系建设的主要原则是：政府推动，社会共建。充分发挥政府的组织、引导、推动和示范作用。政府负责制定实施发展规划，健全法规和标准，培育和监管信用服务市场。注重发挥市场机制作用，协调并优化资源配置，鼓励和调动社会力量，广泛参与，共同推进，形成社会信用体系建设合力。

健全法制，规范发展。逐步建立健全信用法律法规体系和信用标准体系，加强信用信息管理，规范信用服务体系发展，维护信用信息安全和信息主体权益。

统筹规划，分步实施。针对社会信用体系建设的长期性、系统性和复杂性，强化顶层设计，立足当前，着眼长远，统筹全局，系统规划，有计划、分步骤地组织实施。

重点突破，强化应用。选择重点领域和典型地区开展信用建设示范。积极推广信用产品的社会化应用，促进信用信息互联互通、协同共享，健全社会信用奖惩联动机制，营造诚实、自律、守信、互信的社会信用环境。

二、推进重点领域诚信建设

（一）加快推进政务诚信建设

政务诚信是社会信用体系建设的关键，各类政务行为主体的诚信水平，对其他社会主体诚信建设发挥着重要的表率和导向作用。

坚持依法行政。将依法行政贯穿于决策、执行、监督和服务的全过程，全面推进政务公开，在保护国家信息安全、商业秘密和个人隐私的前提下，依法公开在行政管理中掌握的信用信息，建立有效的信息共享机制。切实提高政府工作效率和服务水平，转变政府职能。健全权力运行制约和监督体系，确保决策权、执行权、监督权既相互制约又相互协调。完善政府决策机制和程序，提高决策透明度。进一步推广重大决策事项公示和听证制度，拓宽公众参与政府决策的渠道，加强对权力运行的社会监督和约束，提升政府公信力，树立政府公开、公平、清廉的诚信形象。

发挥政府诚信建设示范作用。各级人民政府首先要加强自身诚信建设，以政府的诚信施政，带动全社会诚信意识的树立和诚信水平的提高。在行政许可、政府采购、招标投标、劳动就业、社会保障、科研管理、干部选拔任用和管理监督、申请政府资金支持等领域，率先使用信用信息和信用产品，培育信用服务市场发展。

加快政府守信践诺机制建设。严格履行政府向社会作出的承诺，把政务履约和守诺服务纳入政府绩效评价体系，把发展规划和政府工作报告关于经济社会发展目标落实情况以及为百姓办实事的践诺情况作为评价政府诚信水平的重要内容，推动各地区、各部门逐步建立健全政务和行政承诺考核制度。各级人民政府对依法作出的政策承诺和签订的各类合同要认真履约和兑现。要积极营造公平竞争、统一高效的市场环境，不得施行地方保护主义措施，如滥用行政权力封锁市场、包庇纵容行政区域内社会主体的违法违规和失信行为等。要支持统计部门依法统计、真实统计。政府举债要依法依规、规模适度、风险可控、程序透明。政府收支必须强化预算约束，提高透明度。加强和完善群众监督和舆论监督机制。完善政务诚信约束和问责机制。各级人民政府要自觉接受本级人大的法律监督和政协的民主监督。加大监察、审计等部门对行政行为的监督和审计力度。

加强公务员诚信管理和教育。建立公务员诚信档案，依法依规将公务员个人有关事项报告、廉政记录、年度考核结果、相关违法违纪违约行为等信用信息纳入档案，将公务员诚信记录作为干部考核、任用和奖惩的重要依据。深入开展公务员诚信、守法和道德教育，加强法律知识和信用知识学习，编制公务员诚信手册，增强公务员法律和诚信意识，建立一支守法守信、高效廉洁的公务员队伍。

（二）深入推进商务诚信建设

提高商务诚信水平是社会信用体系建设的重点，是商务关系有效维护、商务运行成本有效降低、营商环境有效改善的基本条件，是各类商务主体可持续发展的生存之本，也是各类经济活动高效开展的基础保障。

生产领域信用建设。建立安全生产信用公告制度，完善安全生产承诺和安全生产不良信用记录及安全生产失信行为惩戒制度。以煤矿、非煤矿山、危险化学品、烟花爆竹、特种设备生产企业以及民用爆炸物品生产、销售企业和爆破企业或单位为重点，健全安全生产准入和退出信用审核机制，促进企业落实安全生产主体责任。以食品、药品、日用消费品、农产品和农业投入品为重点，加强各类生产经营主体生产和加工环节的信用管理，建立产品质量信用信息异地和部门间共享制度。推动建立质量信用征信系统，加快完善 12365 产品质量投诉举报咨询服务平台，建立质量诚信报告、失信黑名单披露、市场禁入和退出制度。

流通领域信用建设。研究制定商贸流通领域企业信用信息征集共享制度，完善商贸流通企业信用评价基本规则和指标体系。推进批发零售、商贸物流、住宿餐饮及居民服务行业信用建设，开展企业信用分类管理。完善零售商与供应商信用合作模式。强化反垄断与反不正当竞争执法，加大对市场混淆行为、虚假宣传、商业欺诈、商业诋毁、商业贿赂等违法行为的查处力度，对典型案件、重大案件予以曝光，增加企业失信成本，促进诚信经营和公平竞争。逐步建立以商品条形码等标识为基础的全国商品流通追溯体系。加强检验检疫质量诚信体系建设。支持商贸服务企业信用融资，发展商业保理，规范预付消费行为。鼓励企业扩大信用销售，促进个人信用消费。推进对外经济贸易信用建设，进一步加强对外贸易、对外援助、对外投资合作等领域的信用信息管理、信用风险监测预警和企业信用等级分类管理。借助电子口岸管理平台，建立完善进出口企业信用评价体系、信用分类管理和联合监管制度。

金融领域信用建设。创新金融信用产品，改善金融服务，维护金融消费者个人信息安全，保护金融消费者合法权益。加大对金融欺诈、恶意逃废银行债务、内幕交易、制售假保单、骗保骗赔、披露虚假信息、非法集资、逃套骗汇等金融失信行为的惩戒力度，规范金融市场秩序。加强金融信用信息基础设施建设，进一步扩大信用记录的覆盖面，强化金融业对守信者的激励作用和对失信者的约束作用。

税务领域信用建设。建立跨部门信用信息共享机制。开展纳税人基础信息、各类交易信息、财产保有和转让信息以及纳税记录等涉税信息的交换、比对和应用工作。进一步完善纳税信用等级评定和发布制度，加强税务领域信用分类管理，发挥信用评定差异对纳税人的奖惩作用。建立税收违法黑名单制度。推进纳税信用与其他社会信用联动管理，提升纳税人税法遵从度。

价格领域信用建设。指导企业和经营者加强价格自律，规范和引导经营者价格行为，实行经营者明码标价和收费公示制度，着力推行"明码实价"。督促经营者加强内部价格管理，根据经营者条件建立健全内部价格管理制度。完善经营者价格诚信制度，做好信息披露工作，推动实施奖惩制度。强化价格执法检查与反垄断执法，依法查处捏造和散布涨价信息、价格欺诈、价格垄断等价格失信行为，对典型案例予以公开曝光，规范市场价格秩序。

工程建设领域信用建设。推进工程建设市场信用体系建设。加快工程建设市场信用法规制度建设，制定工程建设市场各方主体和从业人员信用标准。推进工程建设领域项目信息公开和诚信体系建设，依托政府网站，全面设立项目信息和信用信息公开共享专栏，集中公开工程建设项目信息和信用信息，推动建设全国性的综合检索平台，实现工程建设项目信息和信用信息公开共享的"一站式"综合检索服务。深入开展工程质量诚信建设。完善工程建设市场准入退出制度，加大对发生重大工程质量、安全责任事故或有其他重大失信行为的企业及负有责任的从业人员的惩戒力度。建立企业和从业人员信用评价结果与资质审批、执业资格注册、资质资格取消等审批审核事项的关联管理机制。建立科学、有效的建设领域从业人员信用评价机制和失信责任追溯制度，将肢解发包、转包、违法分包、拖欠工程款和农民工工资等列入失信责任追究范围。

政府采购领域信用建设。加强政府采购信用管理，强化联动惩戒，保护政府采购当事人的合法权益。制定供应商、评审专家、政府采购代理机构以及相关从业人员的信用记录标准。依法建立政府采购供应商不良行为记录名单，对列入不良行为记录名单的供应商，在一定期限内禁止参加政府采购活动。完善政府采购市场的准入和退出机制，充分利用工商、税务、金融、检察等其他部门提供的信用信息，加强对政府采购当事人和相关人员的信用管理。加快建设全国统一的政府采购管理交易系统，提高政府采购活动透明度，实现信用信息的统一发布和共享。

招标投标领域信用建设。扩大招标投标信用信息公开和共享范围，建立涵盖招标投标情况的信用评价指标和评价标准体系，健全招标投标信用信息公开和共享制度。进一步贯彻落实招标投标违法行为记录公告制度，推动完善奖惩联动机制。依托电子招标投标系统及其公共服务平台，实现招标投标和合同履行等信用信息的互联互通、实时交换和整合共享。鼓励市场主体运用基本信用信息和第三方信用评价结果，并将其作为投标人资格审查、评标、定标和合同签订的重要依据。

交通运输领域信用建设。形成部门规章制度和地方性法规、地方政府规章相结合的交通运输信用法规体系。完善信用考核标准，实施分类考核监管。针对公路、铁路、水路、民航、管道等运输市场不同经营门类分别制定考核指标，加强信用考核评价监督管理，积极引导第三方机构参与信用考核评价，逐步建立交通运输管理机构与社会信用评价机构相结合，具有监督、申诉和复核机制的综合考核评价体系。将各类交通运输违法行为列入失信记录。鼓励和支持各单位在采购交通运输服务、招标投标、人员招聘等方面优先选择信用考核等级高的交通运输企业和从业人员。对失信企业和从业人员，要加强监管和惩戒，逐步建立跨地区、跨行业信用奖惩联动机制。

电子商务领域信用建设。建立健全电子商务企业客户信用管理和交易信用评估制度，加强电子商务企业自身开发和销售信用产品的质量监督。推行电子商务主体身份标识制度，完善网店实名制。加强网店产品质量检查，严厉查处电子商务领域制假售假、传销活动、虚假广告、以次充好、服务违约等欺诈行为。打击内外勾结、伪造流量和商业信誉的行为，对失信主体建立行业限期禁入制度。促进电子商务信用信息与社会其他领域相关信息的交换和共享，推动电子商务与线下交易信用评价。完善电子商务信用服务保障制度，推动信用调查、信用评估、信用担保、信用保险、信用支付、商账管理等第三方信用服务和产品在电子商务中的推广应用。开展电子商务网站可信认证服务工作，推广应用网站可信标识，为电子商务用户识别假冒、钓鱼网站提供手段。

统计领域信用建设。开展企业诚信统计承诺活动，营造诚实报数光荣、失信造假可耻的良好风气。完善统计诚信评价标准体系。建立健全企业统计诚信评价制度和统计从业人员诚信档案。加强执法检查，严厉查处统计领域的弄虚作假行为，建立统计失信行为通报和公开曝光制度。加大对统计失信企业的联合惩戒力度。将统计失信企业名单档案及其违法违规信息纳入金融、工商等行业和部门信用信息系统，将统计信用记录与企业融资、政府补贴、工商注册登记等直接挂钩，切实强化对统计失信行为的惩戒和制约。

中介服务业信用建设。建立完善中介服务机构及其从业人员的信用记录和披露制度，并作为市场行政执法部门实施信用分类管理的重要依据。重点加强公证仲裁类、律师类、会计类、担保类、鉴证类、检验检测类、评估类、认证类、代理类、经纪类、职业介绍类、咨询类、交易类等机构信用分类管理，探索建立科学合理的评估指标体系、评估制度和工作机制。

会展、广告领域信用建设。推动展会主办机构诚信办展，践行诚信服务公约，建立信用档案和违法违规单位信息披露制度，推广信用服务和产品的应用。加强广告业诚信建设，建立健全广告业信用分类管理制度，打击各类虚假广告，突出广告制作、传播环节各参与者责任，完善广告活动主体失信惩戒机制和严重失信淘汰机制。

企业诚信管理制度建设。开展各行业企业诚信承诺活动，加大诚信企业示范宣传和典型失信案件曝光力度，引导企业增强社会责任感，在生产经营、财务管理和劳动用工管理等各环节中强化信用自律，改善商务信用生态环境。鼓励企业建立客户档案、开展客户诚信评价，将客户诚信交易记录纳入应收账款管理、信用销售授信额度计量，建立科学的企业信用管理流程，防范信用风险，提升企业综合竞争力。强化企业在发债、借款、担保等债权债务信用交易及生产经营活动中诚信履约。鼓励和支持有条件的企业设立信用管理师。鼓励企业建立内部职工诚信考核与评价制度。加强供水、供电、供热、燃气、电信、铁路、航空等关系人民群众日常生活行业企业的自身信用建设。

（三）全面推进社会诚信建设

社会诚信是社会信用体系建设的基础，社会成员之间只有以诚相待、以信为本，才会形成和谐友爱的人际关系，才能促进社会文明进步，实现社会和谐稳定和长治久安。

医药卫生和计划生育领域信用建设。加强医疗卫生机构信用管理和行业诚信作风建设。树立大医精诚的价值理念，坚持仁心仁术的执业操守。培育诚信执业、诚信采购、诚信诊疗、诚信收费、诚信医保理念，坚持合理检查、合理用药、合理治疗、合理收费等诚信医疗服务准则，全面建立药品价格、医疗服务价格公示制度，开展诚信医院、诚信药店创建活动，制定医疗机构和执业医师、药师、护士等医务人员信用评价指标标准，推进医院评审评价和医师定期考核，开展医务人员医德综合评价，惩戒收受贿赂、过度诊疗等违法和失信行为，建立诚信医疗服务体系。加快完善药品安全领域信用制度，建立药品研发、生产和流通企业信用档案。积极开展以"诚信至上，以质取胜"为主题的药品安全诚信承诺活动，切实提高药品安全信用监管水平，严厉打击制假贩假行为，保障人民群众用药安全有效。加强人口计生领域信用建设，开展人口和计划生育信用信息共享工作。

社会保障领域信用建设。在救灾、救助、养老、社会保险、慈善、彩票等方面，建立全面的诚信制度，打击各类诈骗骗捐等失信行为。建立健全社会救助、保障性住房等民生政策实施中的申请、审核、退出等各环节的诚信制度，加强对申请相关民生政策的条件审核，强化对社会救助动态管理及保障房使用的监管，将失信和违规的个人纳入信用"黑名单"。构建居民家庭经济状况核对信息系统，建立和完善低收入家庭认定机制，确保社会救助、保障性住房等民生政策公平、公正和健康运行。建立健全社会保险诚信管理制度，加强社会保险经办管理，加强社会保险领域的劳动保障监督执法，规范参保缴费行为，加大对医保定点医院、定点药店、工伤保险协议医疗机构等社会保险协议服务机构及其工作人员、各类参保人员的违规、欺诈、骗保等行为的惩戒力度，防止和打击各种骗保行为。进一步完善社会保险基金管理制度，提高基金征收、管理、支付等各环节的透明度，推动社会保险诚信制度建设，规范参保缴费行为，确保社会保险基金的安全运行。

劳动用工领域信用建设。进一步落实和完善企业劳动保障守法诚信制度，制定重大劳动保障违法行为社会公示办法。建立用人单位拖欠工资违法行为公示制度，健全用人单位劳动保障诚信等级评价办法。规范用工行为，加强对劳动合同履行和仲裁的管理，推动企业积极开展和谐劳动关系创建活动。加强劳动保障监督执法，加大对违法行为的打击力度。加强人力资源市场诚信建设，规范职业中介行为，打击各种黑中介、黑用工等违法失信行为。

教育、科研领域信用建设。加强教师和科研人员诚信教育。开展教师诚信承诺活动，自觉接受广大学生、家长和社会各界的监督。发挥教师诚信执教、为人师表的影响作用。加强学生诚信教育，培养诚实守信良好习惯，为提高全民族诚信素质奠定基础。探索建立教育机构及其从业人员、教师和学生、科研机构和科技社团及科研人员的信用评价制度，将信用评价与考试招生、学籍管理、学历学位授予、科研项目立项、专业技术职务评聘、岗位聘用、评选表彰等挂钩，努力解决学历造假、论文抄袭、学术不端、考试招生作弊等问题。

文化、体育、旅游领域信用建设。依托全国文化市场技术监管与公共服务平台，建立健全娱乐、演出、艺术品、网络文化等领域文化企业主体、从业人员以及文化产品的信用信息数据库；依法制定文化市场诚信管理措施，加强文化市场动态监管。制定职业体育从业人员诚信从业准则，建立职业体育从业人员、职业体育俱乐部和中介企业信用等级的第三方评估制度，推进相关信用信息记录和信用评级在参加或举办职业体育赛事、职业体育准入、转会等方面广泛运用。制定旅游从业人员诚信服务准则，建立旅游业消费者意见反馈和投诉记录与公开制度，建立旅行社、旅游景区和宾馆饭店信用等级第三方评估制度。

知识产权领域信用建设。建立健全知识产权诚信管理制度，出台知识产权保护信用评价办法。重点打击侵犯知识产权和制售假冒伪劣商品行为，将知识产权侵权行为信息纳入失信记录，强化对盗版侵权等知识产权侵权失信行为的联合惩戒，提升全社会的知识产权保护意识。开展知识产权服务机构信用建设，探索建立各类知识产权服务标准化体系和诚信评价制度。

环境保护和能源节约领域信用建设。推进国家环境监测、信息与统计能力建设，加强环保信用数据的采集和整理，实现环境保护工作业务协同和信息共享，完善环境信息公开目录。建立环境管理、监测信息公开制度。完善环评文件责任追究机制，建立环评机构及其从业人员、评估专家诚信档案数据库，强化对环评机构及其从业人员、评估专家的信用考核分类监管。建立企业对所排放污染物开展自行监测并公布污染物排放情况以及突发环境事件发生和处理情况制度。建立企业环境行为信用评价制度，定期发布评价结果，并组织开展动态分类管理，根据企业的信用等级予以相应的鼓励、警示或惩戒。完善企业环境行为信用信息共享机制，加强与银行、证券、保险、商务等部门的联动。加强国家能源利用数据统计、分析与信息上报能力建设。加强重点用能单位节能目标责任考核，定期公布考核结果，研究建立重点用能单位信用评价机制。强化对能源审计、节能评估和审查机构及其从业人员的信用评级和监管。研究开展节能服务公司信用评价工作，并逐步向全社会定期发布信用评级结果。加强对环资项目评审专家从业情况的信用考核管理。

社会组织诚信建设。依托法人单位信息资源库，加快完善社会组织登记管理信息。健全社会组织信息公开制度，引导社会组织提升运作的公开性和透明度，规范社会组织信息公开行为。把诚信建设内容纳入各类社会组织章程，强化社会组织诚信自律，提高社会组织公信力。发挥行业协会（商会）在行业信用建设中的作用，加强会员诚信宣传教育和培训。

自然人信用建设。突出自然人信用建设在社会信用体系建设中的基础性作用，依托国家人口信息资源库，建立完善自然人在经济社会活动中的信用记录，实现全国范围内自然人信用记录全覆盖。加强重点人群职业信用建设，建立公务员、企业法定代表人、律师、会计从业人员、注册会计师、统计从业人员、注册税务师、审计师、评估师、认证和检验检测从业人员、证券期货从业人员、上市公司高管人员、保险经纪人、医务人员、教师、科研人员、专利服务从业人员、项目经理、新闻媒体从业人员、导游、执业兽医等人员信用记录，推广使用职业信用报告，引导职业道德建设与行为规范。

互联网应用及服务领域信用建设。大力推进网络诚信建设，培育依法办网、诚信用网理念，逐步落实网络实名制，完善网络信用建设的法律保障，大力推进网络信用监管机制建设。建立网络信用评价体系，对互联网企业的服务经营行为、上网人员的网上行为进行信用评估，记录信用等级。建立涵盖互联网企业、上网个人的网络信用档案，积极推进建立网络信用信息与社会其他领域相关信用信息的交换共享机制，大力推动网络信用信息在社会各领域推广应用。建立网络信用黑名单制度，将实施网络欺诈、造谣传谣、侵害他人合法权益等严重网络失信行为的企业、个人列入"黑名单"，对列入"黑名单"的主体采取网上行为限制、行业禁入等措施，通报相关部门并进行公开曝光。

（四）大力推进司法公信建设

司法公信是社会信用体系建设的重要内容，是树立司法权威的前提，是社会公平正义的底线。

法院公信建设。提升司法审判信息化水平，实现覆盖审判工作全过程的全国四级法院审判信息互联互通。推进强制执行案件信息公开，完善执行联动机制，提高生效法律文书执行率。发挥审判职能作用，鼓励诚信交易、倡导互信合作，制裁商业欺诈和恣意违约毁约等失信行为，引导诚实守信风尚。

检察公信建设。进一步深化检务公开，创新检务公开的手段和途径，广泛听取群众意见，保障人民群众对检察工作的知情权、参与权、表达权和监督权。继续推行"阳光办案"，严格管理制度，强化内外部监督，建立健全专项检查、同步监督、责任追究机制。充分发挥法律监督职能作用，加大查办和预防职务犯罪力度，促进诚信建设。完善行贿犯罪档案查询制度，规范和加强查询工作管理，建立健全行贿犯罪档案查询与应用的社会联动机制。

公共安全领域公信建设。全面推行"阳光执法"，依法及时公开执法办案的制度规范、程序时限等信息，对于办案进展等不宜向社会公开，但涉及特定权利义务、需要特定对象知悉的信息，应当告知特定对象，或者为特定对象提供查询服务。进一步加强人口信息同各地区、各部门信息资源的交换和共享，完善国家人口信息资源库建设。将公民交通安全违法情况纳入诚信档案，促进全社会成员提高交通安全意识。定期向社会公开火灾高危单位消防安全评估结果，并作为单位信用等级的重要参考依据。将社会单位遵守消防安全法律法规情况纳入诚信管理，强化社会单位消防安全主体责任。

司法行政系统公信建设。进一步提高监狱、戒毒场所、社区矫正机构管理的规范化、制度化水平，维护服刑人员、戒毒人员、社区矫正人员合法权益。大力推进司法行政信息公开，进一步规范和创新律师、公证、基层法律服务、法律援助、司法考试、司法鉴定等信息管理和披露手段，保障人民群众的知情权。

司法执法和从业人员信用建设。建立各级公安、司法行政等工作人员信用档案，依法依规将徇私枉法以及不作为等不良记录纳入档案，并作为考核评价和奖惩依据。推进律师、公证员、基层法律服务工作者、法律援助人员、司法鉴定人员等诚信规范执业。建立司法从业人员诚信承诺制度。

健全促进司法公信的制度基础。深化司法体制和工作机制改革，推进执法规范化建设，严密执法程序，坚持有法必依、违法必究和法律面前人人平等，提高司法工作的科学化、制度化和规范化水平。充分发挥人大、政协和社会公众对司法工作的监督作用，完善司法机关之间的相互监督制约机制，强化司法机关的内部监督，实现以监督促公平、促公正、促公信。

三、加强诚信教育与诚信文化建设

诚信教育与诚信文化建设是引领社会成员诚信自律、提升社会成员道德素养的重要途径，是社会主义核心价值体系建设的重要内容。

（一）普及诚信教育

以建设社会主义核心价值体系、培育和践行社会主义核心价值观为根本，将诚信教育贯穿公民道德建设和精神文明创建全过程。推进公民道德建设工程，加强社会公德、职业道德、家庭美德和个人品德教育，传承中华传统美德，弘扬时代新风，在全社会形成"以诚实守信为荣、以见利忘义为耻"的良好风尚。

在各级各类教育和培训中进一步充实诚信教育内容。大力开展信用宣传普及教育进机关、进企业、进学校、进社区、进村屯、进家庭活动。

建好用好道德讲堂，倡导爱国、敬业、诚信、友善等价值理念和道德规范。开展群众道德评议活动，对诚信缺失、不讲信用现象进行分析评议，引导人们诚实守信、遵德守礼。

（二）加强诚信文化建设

弘扬诚信文化。以社会成员为对象，以诚信宣传为手段，以诚信教育为载体，大力倡导诚信道德规范，弘扬中华民族积极向善、诚实守信的传统文化和现代市场经济的契约精神，形成崇尚诚信、践行诚信的社会风尚。

树立诚信典型。充分发挥电视、广播、报纸、网络等媒体的宣传引导作用，结合道德模范评选和各行业诚信创建活动，树立社会诚信典范，使社会成员学有榜样、赶有目标，使诚实守信成为全社会的自觉追求。

深入开展诚信主题活动。有步骤、有重点地组织开展"诚信活动周""质量月""安全生产月""诚信兴商宣传月""3·5"学雷锋活动日、"3·15"国际消费者权益保护日、"6·14"信用记录关爱日、"12·4"全国法制宣传日等公益活动，突出诚信主题，营造诚信和谐的社会氛围。

大力开展重点行业领域诚信问题专项治理。深入开展道德领域突出问题专项教育和治理活动，针对诚信缺失问题突出、诚信建设需求迫切的行业领域开展专项治理，坚决纠正以权谋私、造假欺诈、见利忘义、损人利己的歪风邪气，树立行业诚信风尚。

（三）加快信用专业人才培养

加强信用管理学科专业建设。把信用管理列为国家经济体制改革与社会治理发展急需的新兴、重点学科，支持有条件的高校设置信用管理专业或开设相关课程，在研究生培养中开设信用管理研究方向。开展信用理论、信用管理、信用技术、信用标准、信用政策等方面研究。

加强信用管理职业培训与专业考评。建立健全信用管理职业培训与专业考评制度。推广信用管理职业资格培训，培养信用管理专业化队伍。促进和加强信用从业人员、信用管理人员的交流与培训，为社会信用体系建设提供人力资源支撑。

四、加快推进信用信息系统建设和应用

　　健全社会成员信用记录是社会信用体系建设的基本要求。发挥行业、地方、市场的力量和作用，加快推进信用信息系统建设，完善信用信息的记录、整合和应用，是形成守信激励和失信惩戒机制的基础和前提。

（一）行业信用信息系统建设

　　加强重点领域信用记录建设。以工商、纳税、价格、进出口、安全生产、产品质量、环境保护、食品药品、医疗卫生、知识产权、流通服务、工程建设、电子商务、交通运输、合同履约、人力资源和社会保障、教育科研等领域为重点，完善行业信用记录和从业人员信用档案。

　　建立行业信用信息数据库。各部门要以数据标准化和应用标准化为原则，依托国家各项重大信息化工程，整合行业内的信用信息资源，实现信用记录的电子化存储，加快建设信用信息系统，加快推进行业间信用信息互联互通。各行业分别负责本行业信用信息的组织与发布。

（二）地方信用信息系统建设

　　加快推进政务信用信息整合。各地区要对本地区各部门、各单位履行公共管理职能过程中产生的信用信息进行记录、完善、整合，形成统一的信用信息共享平台，为企业、个人和社会征信机构等查询政务信用信息提供便利。

　　加强地区内信用信息的应用。各地区要制定政务信用信息公开目录，形成信息公开的监督机制。大力推进本地区各部门、各单位政务信用信息的交换与共享，在公共管理中加强信用信息应用，提高履职效率。

（三）征信系统建设

　　加快征信系统建设。征信机构开展征信业务，应建立以企事业单位及其他社会组织、个人为对象的征信系统，依法采集、整理、保存、加工企事业单位及其他社会组织、个人的信用信息，并采取合理措施保障信用信息的准确性。各地区、各行业要支持征信机构建立征信系统。

　　对外提供专业化征信服务。征信机构要根据市场需求，对外提供专业化的

征信服务，有序推进信用服务产品创新。建立健全并严格执行内部风险防范、避免利益冲突和保障信息安全的规章制度，依法向客户提供方便、快捷、高效的征信服务，进一步扩大信用报告在银行业、证券业、保险业及政府部门行政执法等多种领域中的应用。

（四）金融业统一征信平台建设

完善金融信用信息基础数据库。继续推进金融信用信息基础数据库建设，提升数据质量，完善系统功能，加强系统安全运行管理，进一步扩大信用报告的覆盖范围，提升系统对外服务水平。

推动金融业统一征信平台建设。继续推动银行、证券、保险、外汇等金融管理部门之间信用信息系统的链接，推动金融业统一征信平台建设，推进金融监管部门信用信息的交换与共享。

（五）推进信用信息的交换与共享

逐步推进政务信用信息的交换与共享。各地区、各行业要以需求为导向，在保护隐私、责任明确、数据及时准确的前提下，按照风险分散的原则，建立信用信息交换共享机制，统筹利用现有信用信息系统基础设施，依法推进各信用信息系统的互联互通和信用信息的交换共享，逐步形成覆盖全部信用主体、所有信用信息类别、全国所有区域的信用信息网络。各行业主管部门要对信用信息进行分类分级管理，确定查询权限，特殊查询需求特殊申请。

依法推进政务信用信息系统与征信系统间的信息交换与共享。发挥市场激励机制的作用，鼓励社会征信机构加强对已公开政务信用信息和非政务信用信息的整合，建立面向不同对象的征信服务产品体系，满足社会多层次、多样化和专业化的征信服务需求。

五、完善以奖惩制度为重点的社会信用体系运行机制

运行机制是保障社会信用体系各系统协调运行的制度基础。其中，守信激励和失信惩戒机制直接作用于各个社会主体信用行为，是社会信用体系运行的核心机制。

（一）构建守信激励和失信惩戒机制

加强对守信主体的奖励和激励。加大对守信行为的表彰和宣传力度。按规定对诚信企业和模范个人给予表彰，通过新闻媒体广泛宣传，营造守信光荣的舆论氛围。发展改革、财政、金融、环境保护、住房城乡建设、交通运输、商务、工商、税务、质检、安全监管、海关、知识产权等部门，在市场监管和公共服务过程中，要深化信用信息和信用产品的应用，对诚实守信者实行优先办理、简化程序等"绿色通道"支持激励政策。

加强对失信主体的约束和惩戒。强化行政监管性约束和惩戒。在现有行政处罚措施的基础上，健全失信惩戒制度，建立各行业黑名单制度和市场退出机制。推动各级人民政府在市场监管和公共服务的市场准入、资质认定、行政审批、政策扶持等方面实施信用分类监管，结合监管对象的失信类别和程度，使失信者受到惩戒。逐步建立行政许可申请人信用承诺制度，并开展申请人信用审查，确保申请人在政府推荐的征信机构中有信用记录，配合征信机构开展信用信息采集工作。推动形成市场性约束和惩戒。制定信用基准性评价指标体系和评价方法，完善失信信息记录和披露制度，使失信者在市场交易中受到制约。推动形成行业性约束和惩戒。通过行业协会制定行业自律规则并监督会员遵守。对违规的失信者，按照情节轻重，对机构会员和个人会员实行警告、行业内通报批评、公开谴责等惩戒措施。推动形成社会性约束和惩戒。完善社会舆论监督机制，加强对失信行为的披露和曝光，发挥群众评议讨论、批评报道等作用，通过社会的道德谴责，形成社会震慑力，约束社会成员的失信行为。

建立失信行为有奖举报制度。切实落实对举报人的奖励，保护举报人的合法权益。

建立多部门、跨地区信用联合奖惩机制。通过信用信息交换共享，实现多部门、跨地区信用奖惩联动，使守信者处处受益、失信者寸步难行。

（二）建立健全信用法律法规和标准体系

完善信用法律法规体系。推进信用立法工作，使信用信息征集、查询、应用、互联互通、信用信息安全和主体权益保护等有法可依。出台《征信业管理条例》相关配套制度和实施细则，建立异议处理、投诉办理和侵权责任追究制度。

推进行业、部门和地方信用制度建设。各地区、各部门分别根据本地区、相关行业信用体系建设的需要，制定地区或行业信用建设的规章制度，明确信用信息记录主体的责任，保证信用信息的客观、真实、准确和及时更新，完善信用信息共享公开制度，推动信用信息资源的有序开发利用。

建立信用信息分类管理制度。制定信用信息目录，明确信用信息分类，按照信用信息的属性，结合保护个人隐私和商业秘密，依法推进信用信息在采集、共享、使用、公开等环节的分类管理。加大对贩卖个人隐私和商业秘密行为的查处力度。

加快信用信息标准体系建设。制定全国统一的信用信息采集和分类管理标准，统一信用指标目录和建设规范。

建立统一社会信用代码制度。建立自然人、法人和其他组织统一社会信用代码制度。完善相关制度标准，推动在经济社会活动中广泛使用统一社会信用代码。

（三）培育和规范信用服务市场

发展各类信用服务机构。逐步建立公共信用服务机构和社会信用服务机构互为补充、信用信息基础服务和增值服务相辅相成的多层次、全方位的信用服务组织体系。推进并规范信用评级行业发展。培育发展本土评级机构，增强我国评级机构的国际影响力。规范发展信用评级市场，提高信用评级行业的整体公信力。探索创新双评级、再评级制度。鼓励我国评级机构参与国际竞争和制定国际标准，加强与其他国家信用评级机构的协调和合作。

推动信用服务产品广泛运用。拓展信用服务产品应用范围，加大信用服务产品在社会治理和市场交易中的应用。鼓励信用服务产品开发和创新，推动信用保险、信用担保、商业保理、履约担保、信用管理咨询及培训等信用服务业务发展。

建立政务信用信息有序开放制度。明确政务信用信息的开放分类和基本目录，有序扩大政务信用信息对社会的开放，优化信用调查、信用评级和信用管理等行业的发展环境。

完善信用服务市场监管体制。根据信用服务市场、机构业务的不同特点，依法实施分类监管，完善监管制度，明确监管职责，切实维护市场秩序。推动制定信用服务相关法律制度，建立信用服务机构准入与退出机制，实现从业资格认定的公开透明，进一步完善信用服务业务规范，促进信用服务业健康发展。

推动信用服务机构完善法人治理。强化信用服务机构内部控制，完善约束机制，提升信用服务质量。

加强信用服务机构自身信用建设。信用服务机构要确立行为准则，加强规范管理，提高服务质量，坚持公正性和独立性，提升公信力。鼓励各类信用服务机构设立首席信用监督官，加强自身信用管理。

加强信用服务行业自律。推动建立信用服务行业自律组织，在组织内建立信用服务机构和从业人员基本行为准则和业务规范，强化自律约束，全面提升信用服务机构诚信水平。

（四）保护信用信息主体权益

健全信用信息主体权益保护机制。充分发挥行政监管、行业自律和社会监督在信用信息主体权益保护中的作用，综合运用法律、经济和行政等手段，切实保护信用信息主体权益。加强对信用信息主体的引导教育，不断增强其维护自身合法权益的意识。

建立自我纠错、主动自新的社会鼓励与关爱机制。以建立针对未成年人失信行为的教育机制为重点，通过对已悔过改正旧有轻微失信行为的社会成员予以适当保护，形成守信正向激励机制。

建立信用信息侵权责任追究机制。制定信用信息异议处理、投诉办理、诉讼管理制度及操作细则。进一步加大执法力度，对信用服务机构泄露国家秘密、商业秘密和侵犯个人隐私等违法行为，依法予以严厉处罚。通过各类媒体披露各种侵害信息主体权益的行为，强化社会监督作用。

（五）强化信用信息安全管理

健全信用信息安全管理体制。完善信用信息保护和网络信任体系，建立健全信用信息安全监控体系。加大信用信息安全监督检查力度，开展信用信息安全风险评估，实行信用信息安全等级保护。开展信用信息系统安全认证，加强信用信息服务系统安全管理。建立和完善信用信息安全应急处理机制。加强信用信息安全基础设施建设。加强信用服务机构信用信息安全内部管理。强化信用服务机构信息安全防护能力，加大安全保障、技术研发和资金投入，高起点、高标准建设信用信息安全保障系统。依法制定和实施信用信息采集、整理、加工、保存、使用等方面的规章制度。

六、建立实施支撑体系

（一）强化责任落实

各地区、各部门要统一思想，按照本规划纲要总体要求，成立规划纲要推进小组，根据职责分工和工作实际，制定具体落实方案。

各地区、各部门要定期对本地区、相关行业社会信用体系建设情况进行总结和评估，及时发现问题并提出改进措施。

对社会信用体系建设成效突出的地区、部门和单位，按规定予以表彰。对推进不力、失信现象多发地区、部门和单位的负责人，按规定实施行政问责。

（二）加大政策支持

各级人民政府要根据社会信用体系建设需要，将应由政府负担的经费纳入财政预算予以保障。加大对信用基础设施建设、重点领域创新示范工程等方面的资金支持。鼓励各地区、各部门结合规划纲要部署和自身工作实际，在社会信用体系建设创新示范领域先行先试，并在政府投资、融资安排等方面给予支持。

（三）实施专项工程

政务信息公开工程。深入贯彻实施《中华人民共和国政府信息公开条例》，按照主动公开、依申请公开进行分类管理，切实加大政务信息公开力度，树立公开、透明的政府形象。

农村信用体系建设工程。为农户、农场、农民合作社、休闲农业和农产品生产、加工企业等农村社会成员建立信用档案，夯实农村信用体系建设的基础。开展信用户、信用村、信用乡（镇）创建活动，深入推进青年信用示范户工作，发挥典型示范作用，使农民在参与中受到教育，得到实惠，在实践中提高信用意识。推进农产品生产、加工、流通企业和休闲农业等涉农企业信用建设。建立健全农民信用联保制度，推进和发展农业保险，完善农村信用担保体系。

小微企业信用体系建设工程。建立健全适合小微企业特点的信用记录和评价体系，完善小微企业信用信息查询、共享服务网络及区域性小微企业信用记录。引导各类信用服务机构为小微企业提供信用服务，创新小微企业集合信用服务方式，鼓励开展形式多样的小微企业诚信宣传和培训活动，为小微企业便利融资和健康发展营造良好的信用环境。

（四）推动创新示范

地方信用建设综合示范。示范地区率先对本地区各部门、各单位的信用信息进行整合，形成统一的信用信息共享平台，依法向社会有序开放。示范地区各部门在开展经济社会管理和提供公共服务过程中，强化使用信用信息和信用产品，并作为政府管理和服务的必备要件。建立健全社会信用奖惩联动机制，使守信者得到激励和奖励，失信者受到制约和惩戒。对违法违规等典型失信行为予以公开，对严重失信行为加大打击力度。探索建立地方政府信用评价标准和方法，在发行地方政府债券等符合法律法规规定的信用融资活动中试行开展地方政府综合信用评价。

区域信用建设合作示范。探索建立区域信用联动机制，开展区域信用体系建设创新示范，推进信用信息交换共享，实现跨地区信用奖惩联动，优化区域信用环境。重点领域和行业信用信息应用示范。在食品药品安全、环境保护、安全生产、产品质量、工程建设、电子商务、证券期货、融资担保、政府采购、招标投标等领域，试点推行信用报告制度。

（五）健全组织保障

完善组织协调机制。完善社会信用体系建设部际联席会议制度，充分发挥其统筹协调作用，加强对各地区、各部门社会信用体系建设工作的指导、督促和检查。健全组织机构，各地区、各部门要设立专门机构负责推动社会信用体系建设。成立全国性信用协会，加强行业自律，充分发挥各类社会组织在推进社会信用体系建设中的作用。

建立地方政府推进机制。地方各级人民政府要将社会信用体系建设纳入重要工作日程，推进政务诚信、商务诚信、社会诚信和司法公信建设，加强督查，强化考核，把社会信用体系建设工作作为目标责任考核和政绩考核的重要内容。

建立工作通报和协调制度。社会信用体系建设部际联席会议定期召开工作协调会议，通报工作进展情况，及时研究解决社会信用体系建设中的重大问题。

国务院关于建立完善守信联合激励和失信联合惩戒制度加快推进社会诚信建设的指导意见

（国发〔2016〕33号）

各省、自治区、直辖市人民政府，国务院各部委、各直属机构：

　　健全社会信用体系，加快构建以信用为核心的新型市场监管体制，有利于进一步推动简政放权和政府职能转变，营造公平诚信的市场环境。为建立完善守信联合激励和失信联合惩戒制度，加快推进社会诚信建设，现提出如下意见。

一、总体要求

　　（一）指导思想。全面贯彻党的十八大和十八届三中、四中、五中全会精神，深入贯彻习近平总书记系列重要讲话精神，按照党中央、国务院决策部署，紧紧围绕"四个全面"战略布局，牢固树立创新、协调、绿色、开放、共享发展理念，落实加强和创新社会治理要求，加快推进社会信用体系建设，加强信用信息公开和共享，依法依规运用信用激励和约束手段，构建政府、社会共同参与的跨地区、跨部门、跨领域的守信联合激励和失信联合惩戒机制，促进市场主体依法诚信经营，维护市场正常秩序，营造诚信社会环境。

（二）基本原则。

——褒扬诚信，惩戒失信。充分运用信用激励和约束手段，加大对诚信主体激励和对严重失信主体惩戒力度，让守信者受益、失信者受限，形成褒扬诚信、惩戒失信的制度机制。

——部门联动，社会协同。通过信用信息公开和共享，建立跨地区、跨部门、跨领域的联合激励与惩戒机制，形成政府部门协同联动、行业组织自律管理、信用服务机构积极参与、社会舆论广泛监督的共同治理格局。

——依法依规，保护权益。严格依照法律法规和政策规定，科学界定守信和失信行为，开展守信联合激励和失信联合惩戒。建立健全信用修复、异议申诉等机制，保护当事人合法权益。

——突出重点，统筹推进。坚持问题导向，着力解决当前危害公共利益和公共安全、人民群众反映强烈、对经济社会发展造成重大负面影响的重点领域失信问题。鼓励支持地方人民政府和有关部门创新示范，逐步将守信激励和失信惩戒机制推广到经济社会各领域。

二、健全褒扬和激励诚信行为机制

（三）多渠道选树诚信典型。将有关部门和社会组织实施信用分类监管确定的信用状况良好的行政相对人、诚信道德模范、优秀青年志愿者，行业协会商会推荐的诚信会员，新闻媒体挖掘的诚信主体等树立为诚信典型。鼓励有关部门和社会组织在监管和服务中建立各类主体信用记录，向社会推介无不良信用记录者和有关诚信典型，联合其他部门和社会组织实施守信激励。鼓励行业协会商会完善会员企业信用评价机制。引导企业主动发布综合信用承诺或产品服务质量等专项承诺，开展产品服务标准等自我声明公开，接受社会监督，形成企业争做诚信模范的良好氛围。

（四）探索建立行政审批"绿色通道"。在办理行政许可过程中，对诚信典型和连续三年无不良信用记录的行政相对人，可根据实际情况实施"绿色通道"和"容缺受理"等便利服务措施。对符合条件的行政相对人，除法律法规要求提供的材料外，部分申报材料不齐备的，如其书面承诺在规定期限内提供，应先行受理，加快办理进度。

（五）优先提供公共服务便利。在实施财政性资金项目安排、招商引资配套优惠政策等各类政府优惠政策中，优先考虑诚信市场主体，加大扶持力度。在教育、就业、创业、社会保障等领域对诚信个人给予重点支持和优先便利。在有关公共资源交易活动中，提倡依法依约对诚信市场主体采取信用加分等措施。

（六）优化诚信企业行政监管安排。各级市场监管部门应根据监管对象的信用记录和信用评价分类，注重运用大数据手段，完善事中事后监管措施，为市场主体提供便利化服务。对符合一定条件的诚信企业，在日常检查、专项检查中优化检查频次。

（七）降低市场交易成本。鼓励有关部门和单位开发"税易贷""信易贷""信易债"等守信激励产品，引导金融机构和商业销售机构等市场服务机构参考使用市场主体信用信息、信用积分和信用评价结果，对诚信市场主体给予优惠和便利，使守信者在市场中获得更多机会和实惠。

（八）大力推介诚信市场主体。各级人民政府有关部门应将诚信市场主体优良信用信息及时在政府网站和"信用中国"网站进行公示，在会展、银企对接等活动中重点推介诚信企业，让信用成为市场配置资源的重要考量因素。引导征信机构加强对市场主体正面信息的采集，在诚信问题反映较为集中的行业领域，对守信者加大激励性评分比重。推动行业协会商会加强诚信建设和行业自律，表彰诚信会员，讲好行业"诚信故事"。

三、健全约束和惩戒失信行为机制

（九）对重点领域和严重失信行为实施联合惩戒。在有关部门和社会组织依法依规对本领域失信行为作出处理和评价基础上，通过信息共享，推动其他部门和社会组织依法依规对严重失信行为采取联合惩戒措施。重点包括：一是严重危害人民群众身体健康和生命安全的行为，包括食品药品、生态环境、工程质量、安全生产、消防安全、强制性产品认证等领域的严重失信行为。二是严重破坏市场公平竞争秩序和社会正常秩序的行为，包括贿赂、逃税骗税、恶意逃废债务、恶意拖欠货款或服务费、恶意欠薪、非法集资、合同欺诈、传销、无证照经营、制售假冒伪劣产品和故意侵犯知识产权、出借和借用资质投标、围标串标、虚假广告、侵害消费者或证券期货投资者合法权益、严重破坏网络空间传播秩序、聚众扰乱社会秩序等严重失信行为。三是拒不履行法定义务，严重影响司法机关、行政机关公信力的行为，包括当事人在司法机关、行政机关作出判决或决定后，有履行能力但拒不履行、逃避执行等严重失信行为。四是拒不履行国防义务，拒绝、逃避兵役，拒绝、拖延民用资源征用或者阻碍对被征用的民用资源进行改造，危害国防利益，破坏国防设施等行为。

（十）依法依规加强对失信行为的行政性约束和惩戒。对严重失信主体，各地区、各有关部门应将其列为重点监管对象，依法依规采取行政性约束和惩戒措施。从严审核行政许可审批项目，从严控制生产许可证发放，限制新增项目审批、核准，限制股票发行上市融资或发行债券，限制在全国股份转让系统挂牌、融资，限制发起设立或参股金融机构以及小额贷款公司、融资担保公司、创业投资公司、互联网融资平台等机构，限制从事互联网信息服务等。严格限制申请财政性资金项目，限制参与有关公共资源交易活动，限制参与基础设施和公用事业特许经营。对严重失信企业及其法定代表人、主要负责人和对失信行为负有直接责任的注册执业人员等实施市场和行业禁入措施。及时撤销严重失信企业及其法定代表人、负责人、高级管理人员和对失信行为负有直接责任的董事、股东等人员的荣誉称号，取消参加评先评优资格。

（十一）加强对失信行为的市场性约束和惩戒。对严重失信主体，有关部门和机构应以统一社会信用代码为索引，及时公开披露相关信息，便于市场识别失信行为，防范信用风险。督促有关企业和个人履行法定义务，对有履行能力但拒不履行的严重失信主体实施限制出境和限制购买不动产、乘坐飞机、乘坐高等级列车和席次、旅游度假、入住星级以上宾馆及其他高消费行为等措施。支持征信机构采集严重失信行为信息，纳入信用记录和信用报告。引导商业银行、证券期货经营机构、保险公司等金融机构按照风险定价原则，对严重失信主体提高贷款利率和财产保险费率，或者限制向其提供贷款、保荐、承销、保险等服务。

（十二）加强对失信行为的行业性约束和惩戒。建立健全行业自律公约和职业道德准则，推动行业信用建设。引导行业协会商会完善行业内部信用信息采集、共享机制，将严重失信行为记入会员信用档案。鼓励行业协会商会与有资质的第三方信用服务机构合作，开展会员企业信用等级评价。支持行业协会商会按照行业标准、行规、行约等，视情节轻重对失信会员实行警告、行业内通报批评、公开谴责、不予接纳、劝退等惩戒措施。

（十三）加强对失信行为的社会性约束和惩戒。充分发挥各类社会组织作用，引导社会力量广泛参与失信联合惩戒。建立完善失信举报制度，鼓励公众举报企业严重失信行为，对举报人信息严格保密。支持有关社会组织依法对污染环境、侵害消费者或公众投资者合法权益等群体性侵权行为提起公益诉讼。鼓励公正、独立、有条件的社会机构开展失信行为大数据舆情监测，编制发布地区、行业信用分析报告。

（十四）完善个人信用记录，推动联合惩戒措施落实到人。对企事业单位严重失信行为，在记入企事业单位信用记录的同时，记入其法定代表人、主要负责人和其他负有直接责任人员的个人信用记录。在对失信企事业单位进行联合惩戒的同时，依照法律法规和政策规定对相关责任人员采取相应的联合惩戒措施。通过建立完整的个人信用记录数据库及联合惩戒机制，使失信惩戒措施落实到人。

四、构建守信联合激励和失信联合惩戒协同机制

（十五）建立触发反馈机制。在社会信用体系建设部际联席会议制度下，建立守信联合激励和失信联合惩戒的发起与响应机制。各领域守信联合激励和失信联合惩戒的发起部门负责确定激励和惩戒对象，实施部门负责对有关主体采取相应的联合激励和联合惩戒措施。

（十六）实施部省协同和跨区域联动。鼓励各地区对本行政区域内确定的

诚信典型和严重失信主体，发起部省协同和跨区域联合激励与惩戒。充分发挥社会信用体系建设部际联席会议制度的指导作用，建立健全跨地区、跨部门、跨领域的信用体系建设合作机制，加强信用信息共享和信用评价结果互认。

（十七）建立健全信用信息公示机制。推动政务信用信息公开，全面落实行政许可和行政处罚信息上网公开制度。除法律法规另有规定外，县级以上人民政府及其部门要将各类自然人、法人和其他组织的行政许可、行政处罚等信息在 7 个工作日内通过政府网站公开，并及时归集至"信用中国"网站，为社会提供"一站式"查询服务。涉及企业的相关信息按照企业信息公示暂行条例规定在企业信用信息公示系统公示。推动司法机关在"信用中国"网站公示司法判决、失信被执行人名单等信用信息。

（十八）建立健全信用信息归集共享和使用机制。依托国家电子政务外网，建立全国信用信息共享平台，发挥信用信息归集共享枢纽作用。加快建立健全各省（区、市）信用信息共享平台和各行业信用信息系统，推动青年志愿者信用信息系统等项目建设，归集整合本地区、本行业信用信息，与全国信用信息共享平台实现互联互通和信息共享。依托全国信用信息共享平台，根据有关部门签署的合作备忘录，建立守信联合激励和失信联合惩戒的信用信息管理系统，实现发起响应、信息推送、执行反馈、信用修复、异议处理等动态协同功能。各级人民政府及其部门应将全国信用信息共享平台信用信息查询使用嵌入审批、监管工作流程中，确保"应查必查""奖惩到位"。健全政府与征信机构、金融机构、行业协会商会等组织的信息共享机制，促进政务信用信息与社会信用信息互动融合，最大限度发挥守信联合激励和失信联合惩戒作用。

（十九）规范信用红黑名单制度。不断完善诚信典型"红名单"制度和严重失信主体"黑名单"制度，依法依规规范各领域红黑名单产生和发布行为，建立健全退出机制。在保证独立、公正、客观前提下，鼓励有关群众团体、金融机构、征信机构、评级机构、行业协会商会等将产生的"红名单"和"黑名单"信息提供给政府部门参考使用。

（二十）建立激励和惩戒措施清单制度。在有关领域合作备忘录基础上，梳理法律法规和政策规定明确的联合激励和惩戒事项，建立守信联合激励和失信联合惩戒措施清单，主要分为两类：一类是强制性措施，即依法必须联合执行的激励和惩戒措施；另一类是推荐性措施，即由参与各方推荐的，符合褒扬诚信、惩戒失信政策导向，各地区、各部门可根据实际情况实施的措施。社会信用体系建设部际联席会议应总结经验，不断完善两类措施清单，并推动相关法律法规建设。

（二十一）建立健全信用修复机制。联合惩戒措施的发起部门和实施部门应按照法律法规和政策规定明确各类失信行为的联合惩戒期限。在规定期限内纠正失信行为、消除不良影响的，不再作为联合惩戒对象。建立有利于自我纠错、主动自新的社会鼓励与关爱机制，支持有失信行为的个人通过社会公益服务等方式修复个人信用。

（二十二）建立健全信用主体权益保护机制。建立健全信用信息异议、投诉制度。有关部门和单位在执行失信联合惩戒措施时主动发现、经市场主体提出异议申请或投诉发现信息不实的，应及时告知信息提供单位核实，信息提供单位应尽快核实并反馈。联合惩戒措施在信息核实期间暂不执行。经核实有误的信息应及时更正或撤销。因错误采取联合惩戒措施损害有关主体合法权益的，有关部门和单位应积极采取措施恢复其信誉、消除不良影响。支持有关主体通过行政复议、行政诉讼等方式维护自身合法权益。

（二十三）建立跟踪问效机制。各地区、各有关部门要建立完善信用联合激励惩戒工作的各项制度，充分利用全国信用信息共享平台的相关信用信息管理系统，建立健全信用联合激励惩戒的跟踪、监测、统计、评估机制并建立相应的督查、考核制度。对信用信息归集、共享和激励惩戒措施落实不力的部门和单位，进行通报和督促整改，切实把各项联合激励和联合惩戒措施落到实处。

五、加强法规制度和诚信文化建设

（二十四）完善相关法律法规。继续研究论证社会信用领域立法。加快研究推进信用信息归集、共享、公开和使用，以及失信行为联合惩戒等方面的立法工作。按照强化信用约束和协同监管要求，各地区、各部门应对现行法律、法规、规章和规范性文件有关规定提出修订建议或进行有针对性的修改。

（二十五）建立健全标准规范。制定信用信息采集、存储、共享、公开、使用和信用评价、信用分类管理等标准。确定各级信用信息共享平台建设规范、统一数据格式、数据接口等技术要求。各地区、各部门要结合实际，制定信用信息归集、共享、公开、使用和守信联合激励、失信联合惩戒的工作流程和操作规范。

（二十六）加强诚信教育和诚信文化建设。组织社会各方面力量，引导广大市场主体依法诚信经营，树立"诚信兴商"理念，组织新闻媒体多渠道宣传诚信企业和个人，营造浓厚社会氛围。加强对失信行为的道德约束，完善社会舆论监督机制，通过报刊、广播、电视、网络等媒体加大对失信主体的监督力度，依法曝光社会影响恶劣、情节严重的失信案件，开展群众评议、讨论、批评等活动，形成对严重失信行为的舆论压力和道德约束。通过学校、单位、社区、家庭等，加强对失信个人的教育和帮助，引导其及时纠正失信行为。加强对企业负责人、学生和青年群体的诚信宣传教育，加强会计审计人员、导游、保险经纪人、公职人员等重点人群以诚信为重要内容的职业道德建设。加大对守信联合激励和失信联合惩戒的宣传报道和案例剖析力度，弘扬社会主义核心价值观。

（二十七）加强组织实施和督促检查。各地区、各有关部门要把实施守信联合激励和失信联合惩戒作为推进社会信用体系建设的重要举措，认真贯彻落实本意见并制定具体实施方案，切实加强组织领导，落实工作机构、人员编制、项目经费等必要保障，确保各项联合激励和联合惩戒措施落实到位。鼓励有关地区和部门先行先试，通过签署合作备忘录或出台规范性文件等多种方式，建立长效机制，不断丰富信用激励内容，强化信用约束措施。国家发展改革委要加强统筹协调，及时跟踪掌握工作进展，督促检查任务落实情况并报告国务院。

国务院

2016 年 5 月 30 日

国家发展改革委　人民银行关于加强和规范守信联合激励和失信联合惩戒对象名单管理工作的指导意见

（发改财金规〔2017〕1798号）

各省、自治区、直辖市和新疆生产建设兵团社会信用体系建设牵头单位，社会信用体系建设部际联席会议各成员单位：

为全面贯彻落实党中央、国务院关于加强社会信用体系建设的一系列重大决策部署，深入实施《国务院关于印发社会信用体系建设规划纲要（2014—2020年）的通知》（国发〔2014〕21号）、《国务院关于建立完善守信联合激励和失信联合惩戒制度加快推进社会诚信建设的指导意见》（国发〔2016〕33号），建立守信联合激励对象和失信联合惩戒对象名单制度（以下简称"红名单"和"黑名单"制度），完善守法诚信褒奖和违法失信惩戒的联动机制，现提出如下意见。

一、总体要求

（一）指导思想。全面贯彻党的十九大精神，深入贯彻习近平新时代中国特色社会主义思想和党中央治国理政新理念新思想新战略，按照党中央、国务院的决策部署，以培育和践行社会主义核心价值观为根本，建立健全红黑名单管理与应用制度，规范各领域红黑名单的认定、奖惩、修复和退出，构建守信联合激励和失信联合惩戒大格局，有力有序、规范透明地推进联合奖惩，全面提升我国社会诚信水平，推进国家治理体系和治理能力现代化。

（二）基本原则。

——政府主导，社会共治。充分发挥国家机关、法律法规授权具有管理公共事务职能的组织在红黑名单管理中的组织、引导和推动作用。鼓励调动社会力量广泛参与、共同推进，形成联合奖惩合力。

——依法依规，审慎认定。按照"谁认定、谁负责"的原则，根据相关主体行为的诚信度和发起联合奖惩的必要性，研究制定各领域红黑名单统一认定标准，依法审慎认定红黑名单。

——分类分级，区别对待。根据相关主体的诚信度，分别实施不同类型、不同程度的联合奖惩措施。对尚未达到"黑名单"认定标准的失信主体，可列入诚信状况重点关注对象名单（以下简称"重点关注名单"），加强监管。

——保护权益，鼓励修复。严格保护自然人、法人和其他组织在红黑名单的认定、发布、奖惩等过程中的合法权益。在完善相关法律法规的同时，畅通异议申诉等救济渠道，建立完善信用修复制度，纠正违法失信行为，鼓励守法诚信。

二、科学制定联合奖惩对象名单的认定标准

（三）制定标准的部门。各领域的红黑名单认定原则上实行全国统一标准，标准由社会信用体系建设部际联席会议成员单位或者国家其他行业主管部门按照市场监管、社会治理和公共服务职责研究制定。各省级有关部门可根据需要制定地方标准，经上级主管部门和省级人民政府审定后实施。认定标准制定过程中，应充分征求广大社会公众意见。出台的标准及其具体认定程序应通过"信用中国"网站和其他适当方式向社会公示、公开。

（四）规范红黑名单认定的依据。认定联合奖惩对象名单的依据主要包

括：一是公共管理和服务中反映相关主体基本情况的登记类信息；二是刑事处罚、行政许可、行政处罚、行政强制、行政确认、行政检查、行政征收、行政奖励、行政给付等反映主体诚信状况的信息；三是拒不履行生效司法裁决的信息；四是党政机关、群团组织、社会组织、行业协会商会在履行职责过程中产生或者掌握的相关主体受表彰奖励等信息；五是根据法律法规规章或规范性文件可作为红黑名单认定依据的其他信息。

（五）不断完善名单认定标准。标准制定部门应委托第三方机构对所监管领域联合奖惩对象名单认定标准的执行效果进行评估，及时完善认定标准，并按照社会信用体系建设部际联席会议建立的目录清单，健全名单认定标准体系。

三、严格红黑名单认定程序

（六）认定名单的部门（单位）。县级以上国家机关、法律法规授权具有管理公共事务职能的组织可按照统一标准认定相关领域红黑名单，国家有关部门可根据需要授权全国性行业协会商会和信用服务机构按照统一标准认定红黑名单。鼓励行业协会商会、大数据企业、金融机构、新闻媒体、社会组织等各类单位和公民个人向认定部门（单位）提供相关主体的守信行为和失信行为信息，探索研究将其作为红黑名单认定的重要参考。

（七）失信联合惩戒对象的认定程序。认定部门（单位）依据认定标准生成失信联合惩戒对象的初步名单，可根据需要履行告知或公示程序。有异议的，由认定部门（单位）核实。自然人被认定为失信联合惩戒对象的，应实行事前告知。法律法规已有相关规定的，从其规定。"黑名单"形成后，应与全国信用信息共享平台各领域"红名单"进行交叉比对，如"黑名单"主体之前已被列入"红名单"，应将其从相关"红名单"中删除。

（八）守信联合激励对象的认定程序。认定部门（单位）依据认定标准生成守信联合激励对象的初步名单，并将其与全国信用信息共享平台中的各领域"黑名单"进行交叉比对，确保已被列入"黑名单"的主体不被列入"红名单"。

筛查后的初步名单可通过认定部门（单位）门户网站、地方政府信用网站、"信用中国"网站予以公示。经公示无异议的，认定为"红名单"；有异议的，由认定部门（单位）核实。

四、规范名单信息的共享和发布

（九）规范名单信息内容。名单信息主要内容包括：一是相关主体的基本信息，包括法人和其他组织名称（或自然人姓名）、统一社会信用代码、全球法人机构识别编码（LEI码）（或公民身份证号码、港澳台居民的公民社会信用代码、外国籍人身份号码）、法定代表人（或单位负责人）姓名及其身份证件类型和号码等；二是列入名单的事由，包括认定诚实守信或违法失信行为的事实、认定部门（单位）、认定依据、认定日期、有效期等；三是相关主体受到联合奖惩、信用修复、退出名单的相关情况。

（十）共享名单信息。各级社会信用体系建设牵头单位要建立名单信息共享目录，严格按照目录归集共享相关信息。认定部门（单位）应将认定的名单及相关信息逐级报送上级主管部门和同级社会信用体系建设牵头单位，并自认定之日起10个工作日内报送至全国信用信息共享平台，实施动态管理。依托全国信用信息共享平台建立全国联合奖惩对象名单数据库，供各级国家机关、法律法规授权具有管理公共事务职能的组织共享使用。

（十一）发布名单信息。按照依法公开、从严把关、保护权益原则，由认定部门（单位）通过其门户网站、地方政府信用网站、"信用中国"网站向社会公众发布红黑名单。涉及企业、社会组织、政府部门的名单信息，应按照有关规定在国家企业信用信息公示系统、中国社会组织网、中国机构编制网等渠道发布。名单信息的发布，应当客观、准确、公正，保证发布信息的合法性、真实性、准确性。对于涉及企业商业秘密和个人隐私的信息，发布前应进行必要的技术处理。名单信息的发布时限与名单的有效期保持一致。对依法不能公开的名单信息，可通报当事人所在单位或其相关主管部门依法依纪处理。鼓励行业协会商会、信用服务机构收集各有关部门（单位）认定的红黑名单，经核实后与本单位履职和服务过程中形成的有关名单进行整合并向社会发布。

五、依据名单实施联合奖惩

（十二）政府部门实施联合奖惩。各级国家机关、法律法规授权具有管理公共事务职能的组织采取签署守信联合激励和失信联合惩戒合作备忘录等形式，在遵守相关法律法规的情况下，明确对相关领域红黑名单主体的奖惩措施和实施方式，建立发起、响应、反馈的联动机制。鼓励各级国家机关、法律法规授权具有管理公共事务职能的组织根据国务院关于联合奖惩的要求将红黑名单信息与相关信息进行比对，并创造条件嵌入本部门行政审批、市场监管、公共服务等信息系统和具体工作流程，带头查询使用红黑名单信息，及时归集守信联合激励和失信联合惩戒的典型案例，统计联合奖惩情况并反馈至全国信用信息共享平台。

（十三）鼓励社会力量协同参与联合奖惩。积极创造条件，向各类社会组织、行业协会商会、信用服务机构、金融机构、特定非金融机构、公共服务机构以及其他企事业单位开放全国联合奖惩对象名单数据库信息。鼓励各类社会机构查询使用红黑名单，对列入"黑名单"的主体实施市场性、行业性、社会性约束和惩戒，对列入"红名单"的主体建立"绿色通道"，优先提供服务便利，优化诚信企业行政监管安排，降低市场交易成本，大力推介诚信市场主体。有关单位及时向红黑名单认定部门（单位）反馈红黑名单奖惩信息，构建全社会广泛参与的联合奖惩机制。

六、构建自主自新的信用修复机制

（十四）鼓励和支持自主修复信用。建立有利于自我纠错、主动自新的社会鼓励与关爱机制，鼓励"黑名单"主体通过主动纠正失信行为、消除不良社会影响等方式修复信用，认定部门（单位）可将信用修复情况作为"黑名单"退出的重要参考。

（十五）规范信用修复流程。有关部门（单位）认定"黑名单"时，应结合失信行为的严重程度，明确相关主体能否修复信用以及信用修复的方式和期限。对可通过履行相关义务纠正失信行为的"黑名单"主体，可在履行相关义务后，向认定部门（单位）提交相关材料申请退出。

七、建立健全诚信状况重点关注对象警示机制

（十六）实施分级分类管理。认定部门（单位）可将在重点领域发生较重失信行为或多次发生轻微失信行为但尚未达到"黑名单"认定标准的相关主体列入重点关注名单，并依法实施与其失信程度相适应的失信联合惩戒。重点关注名单信息共享至全国信用信息共享平台，有选择地对外公开。

（十七）对诚信状况重点关注对象的警示。认定部门（单位）应通过适当方式，向重点关注名单主体发出警示并提示重点关注有效期。依托全国信用信息共享平台开展大数据分析，将在3个以上不同的重点领域被列入重点关注名单的主体转入"大数据警示名单"，通过"信用中国"网站向社会公众发出预警。重点关注名单主体有效期内发生严重失信行为的，应按照"黑名单"认定标准，及时转入"黑名单"。

八、依法依规退出名单

（十八）失信联合惩戒对象名单的退出机制。"黑名单"的有效期、信用修复及退出方式由相关认定部门（单位）结合相关主体违法失信情况确定。"黑名单"的退出包括如下方式：一是经异议处理，"黑名单"主体认定有误的，认定部门（单位）应将相关主体从"黑名单"中删除；二是通过主动修复在"黑名单"有效期届满前提前退出，提前退出需经认定部门（单位）同意；三是待"黑名单"有效期届满自动退出；四是"黑名单"认定标准发生改变，对于不符合新认定标准的主体，将其从"黑名单"中删除。"黑名单"主体退出名单后，应立即将其列入重点关注名单（误列入"黑名单"的除外），有效期由之前将其列入"黑名单"的部门（单位）确定。

（十九）守信联合激励对象名单的退出机制。"红名单"的有效期由相关认

定部门（单位）结合相关主体诚实守信情况确定。"红名单"的退出包括如下方式：一是经异议处理，"红名单"主体认定有误的，认定部门（单位）应将相关主体从"红名单"中删除；二是有效期内被有关部门列入"黑名单"、重点关注名单或发现存在不当利用"红名单"奖励机制等不良行为的，认定部门（单位）应将相关主体从"红名单"中删除；三是待"红名单"有效期届满自动退出；四是"红名单"认定标准发生改变，对于不符合新认定标准的主体，将其从"红名单"中删除。

（二十）建立健全名单退出、奖惩解除和记录留存协同机制。相关主体退出红黑名单后，认定部门（单位）及时通过原发布渠道发布名单退出公告，有关联合奖惩部门应停止对其实施联合奖惩，相关名单信息将在全国信用信息共享平台后台继续保存，信用服务机构可按照有关法律法规在一定期限内继续保留其失信记录。对于因主体认定有误而列入名单的，相关信息不予保存。

九、保护市场主体权益

（二十一）建立健全守信联合激励对象反映监督机制。有关单位或个人对"红名单"主体的诚实守信行为有异议的，可向认定部门（单位）反映并提供证明材料，认定部门（单位）应在收到反映后及时核实。经核实反映情况属实的，认定部门（单位）应重新对被反映主体进行认定，并将认定结果反馈反映人和当事人。

（二十二）建立健全失信联合惩戒对象异议申诉机制。有关单位或个人对被列入"黑名单"有异议的，可向认定部门（单位）提交异议申请并提供证明材料。认定部门（单位）应在收到异议申请后及时反馈是否受理，并尽快将核实和处理结果反馈当事人，当事人对反馈结果仍有异议的，可依法申请复议。

（二十三）建立健全名单信息更正机制。联合奖惩实施部门在依据名单执行守信联合激励和失信联合惩戒措施时主动发现、经有关单位或个人提出异议申请或投诉发现名单信息不准确的，应及时告知认定部门（单位）核实，认定部门（单位）应及时核实并反馈。因工作失误导致有关单位或个人被误列入"黑名单"的，认定部门（单位）应及时更正当事人的诚信记录，向当事人书面道歉并进行澄清，恢复其名誉。导致当事人权益受损的，依法给予赔偿。对于被误列入"红名单"的相关主体，应尽可能收回其受到联合激励获得的权益。

十、加强个人隐私和信息安全保护

（二十四）保护个人隐私。明确个人信息查询使用权限和程序，做好数据库安全防护工作，建立完善个人信息查询使用登记和审查制度，防止信息泄露。对故意或因工作失误泄露个人隐私信息的，要依法严格追究相关单位和人员的责任。

（二十五）保障信息安全。有关部门和单位要建立健全并严格执行保障信息安全的规章制度。严格按照相关法律法规，贯彻落实网络安全等级保护制度，加大对全国信用信息共享平台、各部门信用信息系统、信用服务机构数据库的监管力度，保障信息主体合法权益，确保国家信息安全。

十一、保障措施

（二十六）落实主体责任。各级社会信用体系建设牵头单位要加强对守信联合激励和失信联合惩戒制度建设的指导、协调和监督。国家有关部门要制定相关领域的红黑名单认定标准和管理办法，积极主动发起签署守信联合激励和失信联合惩戒合作备忘录。县级以上国家机关、法律法规授权具有管理公共事务职能的组织要严格执行相关领域红黑名单认定标准和管理办法，依法认定、发布、归集、共享、更新和使用红黑名单信息，严格执行各项联合奖惩措施。

（二十七）完善法律法规。加快研究推进信用立法工作。各地区、各部门要按照强化诚信约束和协同监管要求，对现行法律法规规章和规范性文件有关规定提出修订建议或进行有针对性的修改。

（二十八）加强宣传教育。利用报纸、广播、电视、网络等媒体，多渠道选树诚信典型，倡导诚实守信，及时曝光重点领域严重失信行为，形成舆论压力，广泛宣传各地区、各部门开展守信联合激励和失信联合惩戒的做法和经验，扩大联合奖惩对象名单制度的影响力和警示力。

本文件自发布之日起试行，有效期截至 2020 年 12 月 31 日。

国家发展改革委

人民银行

2017 年 10 月 30 日

国家联合奖惩合作备忘录

序号	合作备忘录	文号	发布时间
1	失信企业协同监管和联合惩戒合作备忘录	发改财金〔2015〕2045号	2015年9月14日
2	关于对违法失信上市公司相关责任主体实施联合惩戒的合作备忘录	发改财金〔2015〕3062号	2015年12月24日
3	关于印发对失信被执行人实施联合惩戒的合作备忘录的通知	发改财金〔2016〕141号	2016年2月23日
4	关于对安全生产领域失信生产经营单位及其有关人员开展联合惩戒的合作备忘录	发改财金〔2016〕1001号	2016年5月9日
5	关于对纳税信用A级纳税人实施联合激励措施的合作备忘录	发改财金〔2016〕1467号	2016年7月8日
6	关于对环境保护领域失信生产经营单位及其有关人员开展联合惩戒的合作备忘录	发改财金〔2016〕1580号	2016年7月20日
7	关于对食品药品生产经营严重失信者开展联合惩戒的合作备忘录	发改财金〔2016〕1962号	2016年9月13日
8	关于实施优秀青年志愿者守信联合激励加快推进青年信用体系建设的行动计划	发改财金〔2016〕2012号	2016年9月19日

序号	合作备忘录	文号	发布时间
9	关于对电子商务及分享经济领域炒信行为相关失信主体实施联合惩戒的行动计划	发改财金〔2016〕2370号	2016年10月10日
10	关于对海关高级认证企业实施联合激励的合作备忘录	发改财金〔2016〕2190号	2016年10月19日
11	关于对严重质量违法失信行为当事人实施联合惩戒的合作备忘录	发改财金〔2016〕2202号	2016年10月20日
12	关于对财政性资金管理使用领域相关失信责任主体实施联合惩戒的合作备忘录	发改财金〔2016〕2641号	2016年12月14日
13	关于对重大税收违法案件当事人实施联合惩戒措施的合作备忘录（2016版）	发改财金〔2016〕2798号	2016年12月30日
14	关于对涉金融严重失信人实施联合惩戒的合作备忘录	发改财金〔2017〕454号	2017年3月9日
15	关于对海关失信企业实施联合惩戒的合作备忘录	发改财金〔2017〕427号	2017年3月28日
16	关于对严重违法失信超限超载运输车辆相关责任主体实施联合惩戒的合作备忘录	发改财金〔2017〕274号	2017年5月3日
17	关于在电子认证服务行业实施守信联合激励和失信联合惩戒的合作备忘录	发改财金〔2017〕844号	2017年5月4日
18	关于对电力行业严重违法失信市场主体及其有关人员实施联合惩戒的合作备忘录	发改运行〔2017〕946号	2017年5月16日
19	关于对盐行业生产经营严重失信者开展联合惩戒的合作备忘录	发改经体〔2017〕1164号	2017年6月21日

续表

序号	合作备忘录	文号	发布时间
20	关于对房地产领域相关失信责任主体实施联合惩戒的合作备忘录	发改财金〔2017〕1206号	2017年6月23日
21	关于对石油天然气行业严重违法失信主体实施联合惩戒的合作备忘录	发改运行〔2017〕1455号	2017年8月2日
22	关于对运输物流行业严重违法失信市场主体及其有关人员实施联合惩戒的合作备忘录	发改运行〔2017〕1553号	2017年8月24日
23	关于对保险领域违法失信相关责任主体实施联合惩戒的合作备忘录	发改财金〔2017〕1579号	2017年8月28日
24	关于对农资领域严重失信生产经营单位及其有关人员开展联合惩戒的合作备忘录	发改财金〔2017〕346号	2017年9月15日
25	关于对对外经济合作领域严重失信主体开展联合惩戒的合作备忘录	发改外资〔2017〕1893号	2017年10月31日
26	关于对国内贸易流通领域严重违法失信主体开展联合惩戒的合作备忘录	发改财金〔2017〕1943号	2017年11月29日
27	关于对严重拖欠农民工工资用人单位及其有关人员开展联合惩戒的合作备忘录	发改财金〔2017〕2058号	2017年11月29日
28	关于对安全生产领域守信生产经营单位及其有关人员开展联合激励的合作备忘录	发改财金〔2017〕2219号	2017年12月25日
29	关于对出入境检验检疫企业实施守信联合激励和失信联合惩戒的合作备忘录	发改财金〔2018〕176号	2018年1月25日

续表

序号	合作备忘录	文号	发布时间
30	关于对慈善捐赠领域相关主体实施守信联合激励和失信联合惩戒的合作备忘录	发改财金〔2018〕331 号	2018 年 2 月 11 日
31	关于对婚姻登记严重失信当事人开展联合惩戒的合作备忘录	发改财金〔2018〕342 号	2018 年 2 月 26 日
32	关于对交通运输工程建设领域守信典型企业实施联合激励的合作备忘录	发改财金〔2018〕377 号	2018 年 2 月 28 日
33	关于对家政服务领域相关失信责任主体实施联合惩戒的合作备忘录	发改财金〔2018〕277 号	2018 年 3 月 7 日
34	关于对公共资源交易领域严重失信主体开展联合惩戒的备忘录	发改法规〔2018〕457 号	2018 年 3 月 21 日
35	关于对旅游领域严重失信相关责任主体实施联合惩戒的合作备忘录	发改财金〔2018〕737 号	2018 年 5 月 18 日
36	关于对严重危害正常医疗秩序的失信行为责任人实施联合惩戒合作备忘录	发改财金〔2018〕1399 号	2018 年 9 月 25 日
37	关于对科研领域相关失信责任主体实施联合惩戒的合作备忘录	发改财金〔2018〕1600 号	2018 年 11 月 5 日
38	关于对政府采购领域严重违法失信主体开展联合惩戒的合作备忘录	发改财金〔2018〕1614 号	2018 年 11 月 20 日
39	关于对知识产权（专利）领域严重失信主体开展联合惩戒的合作备忘录	发改财金〔2018〕1702 号	2018 年 11 月 21 日

续表

序号	合作备忘录	文号	发布时间
40	关于对社会保险领域严重失信企业及其有关人员实施联合惩戒的合作备忘录	发改财金〔2018〕1704号	2018年11月22日
41	关于对会计领域违法失信相关责任主体实施联合惩戒的合作备忘录	发改财金〔2018〕1777号	2018年12月1日
42	关于对统计领域严重失信企业及其有关人员开展联合惩戒的合作备忘录（修订版）	发改财金〔2018〕1862号	2018年12月17日
43	关于对文化市场领域严重违法失信市场主体及有关人员开展联合惩戒的合作备忘录	发改财金〔2018〕1933号	2018年12月28日